FASHION BUSINESS REVIEW 2022

时尚商业评论 2022

赵洪珊 等 著

中国纺织出版社有限公司

内 容 提 要

　　本书是时尚管理领域的最新企业案例与研究专题的论文集。书中按照"应用—理论—趋势"的逻辑思路，分为案例实践篇、专题理论篇以及调研报告篇三个篇章组编材料。

　　作为时尚产业学术界与企业界融合创新的尝试，《时尚商业评论》年度系列专著迄今已出版第三本，作者团队希望能著写出体现当前时尚行业发展现状，并且对各位读者真正有益的著作。本书可帮助企业界人士了解时尚管理领域最新动态，也可作为时尚管理专业方向研究生相关课程的案例资料。

图书在版编目（ＣＩＰ）数据

时尚商业评论. 2022 ／赵洪珊等著 －－北京：中国纺织出版社有限公司，2022.9

　　ISBN 978-7-5180-9812-5

　　Ⅰ．①时… Ⅱ．①赵… Ⅲ．①企业管理—案例 Ⅳ.

① F272

　　中国版本图书馆 CIP 数据核字（2022）第 157103 号

Shishang Shangye Pinglun 2022

责任编辑：李春奕　郭慧娟　　　特约编辑：符　芬

责任校对：王蕙莹　　　　　　　责任印制：王艳丽

中国纺织出版社有限公司出版发行

地址：北京市朝阳区百子湾东里 A407 号楼　邮政编码：100124

销售电话：010 — 67004422　传真：010 — 87155801

http://www.c-textilep.com

中国纺织出版社天猫旗舰店

官方微博 http://weibo.com/2119887771

北京华联印刷有限公司印刷　各地新华书店经销

2022 年 9 月第 1 版第 1 次印刷

开本：787×1092　1/16　印张：7.75

字数：141 千字　定价：128.00 元

前言

当前，我国纺织服装行业处于转型升级的关键时期，时尚产业以其高收益率、高贡献率备受瞩目，吸引越来越多的研究学者、实业家关注其发展。

为帮助企业界人士了解时尚管理领域最新动态，选取时尚管理领域的最新企业案例及研究专题结集成册。本书按照"应用—理论—趋势"的逻辑思路，分为案例实践篇、专题理论篇以及调研报告篇三个篇章。

第一篇"案例实践篇"，选取时尚产业典型企业进行案例分析。白玉苓教授在《瑞蚨祥：中华老字号时尚创新之路》中，分析了在当前消费升级以及国潮服饰流行的背景下，瑞蚨祥如何以当下时尚消费为基础，以新时代的视角推进品牌时尚创新策略，赋予老字号新的发展路径。常静老师在《C企业：可持续时尚战略》中，详细介绍了C企业的可持续时尚发展路径，以及包括可持续产品、可持续供应链、可持续生活、可持续消费等内容的可持续发展战略等。江影老师在《之禾：全产业链可持续的先行者》中，详细介绍了之禾的可持续发展战略、制造为核心发展战略以及国际化战略等。马琳老师在《李宁：借力"国潮"，实现品牌活化》中，概括了李宁借力"国潮"，采用多品牌市场细分与跨界联名进行准确的市场定位，通过技术研发创新、多渠道市场推广和积极承担社会责任提升国潮的市场认可，以及采用多元化战略和产业链扩展进行国潮的市场布局。王润娜老师在《红豆集团："四位一体"促进企业高质量发展》中，总结了红豆集团以党的建设为引领、以人文关怀文化体系为支撑、以产品科技创新为助推、以数字化运营为赋能的企业高质量发展过程。刘娜老师在《寺库：打造全球奢侈品服务平台》中，介绍了寺库的多元化运营战略、品牌签约成果、直播营销策略、社交平台运营策略、高新智能技术应用等。

第二篇"专题理论篇"，选取时尚产业最新热点问题进行分析。赵洪珊教授和王换杰同学在《可持续时尚评价指标体系的构建》中，基于时尚产品全生命周期的视角，划分出包括可持续设计、可持续采购、可持续生产、可持续销售、回收再利用五个评价维度，并采用德尔菲法确定具体指标、层次分析法确定指标权重，最终构建可持续时尚评价指标体系。王涓老师在《直播电商赋能服装企业》中，首先回顾了国内网络直播的兴起与直播电商的发展，其次概述国内直播电商，着重分析了目前服装企业直播电商策略，以及服装企业电商直播升级策略。

第三篇"调研报告篇"，选取重要的行业调研报告说明行业现状。索珊老师和丁锋老师在《中国跨境电子商务发展现状调研报告》中，首先归纳了我国跨境电子商务的发展历程、政策环境以及发展现状，然后介绍了我国跨境电子商务综合试验区总体发展情况，尤其重点介绍了杭州跨境电子商务综合试验区的具体情况，最后分析了我国跨境电子商务的发展趋势。

本书由赵洪珊、马琳等著，作者群体来自北京服装学院商学院，一直致力于我国时尚管理领域的教学与研究。本书可帮助企业界人士了解时尚管理领域最新动态，也可作为时尚管理专业方向研究生相关课程的案例资料。本书为北京市教委人文社科面上项目"新零售驱动的服装企业商业模式创新研究"（项目编号：SM202010012001）的阶段成果。

作为时尚产业学术界与企业界融合创新的尝试，此本《时尚商业评论 2022》属于年度系列专著的第三本，以期能体现当前时尚行业发展现状，并且对各位读者真正有益。在本书的出版过程中，得到中国纺织出版社有限公司郭慧娟编审的大力支持，在此表示感谢！

由于本人学术水平及经验有限，书中存在诸多不完善之处，敬请各位读者批评、指正。

2022 年 6 月

目录

i

第一篇

案例实践篇

第一章
瑞蚨祥：中华老字号时尚创新之路

近年来，随着我国国家实力的增强，产品质量的提升，消费者对本土品牌信心大大提高。其中，具有鲜明的传统文化背景的老字号重新流行。本章针对服饰类老字号，提出了在传承传统的基础上进行时尚创新的观点，并以具有百年历史的老字号瑞蚨祥为例，分析其发展历史中一直与时尚相伴相随，从而在市场竞争中得以生存和发展。在当前消费升级以及国潮服饰流行的背景下，瑞蚨祥要以当下时尚消费为基础，以新时代的视角推进品牌时尚创新策略，赋予老字号新的发展路径。

一、时尚的概念及特征

（一）时尚的定义

对于时尚的定义，德国社会学家、哲学家格奥尔格·齐美尔（Georg Simmel）认为："时尚的本质存在于这样的事实中：时尚总是只被特定人群中的一部分人所运用，他们中的大多数只是在接受它的路上。一旦一种时尚被广泛接受，他们就不再把它叫作时尚了；时尚的发展壮大导致的是它自己的灭亡，因为它的发展壮大即它的广泛流行抵消了它的独特性。"社会学家凡勃伦、波德里亚等也对时尚概念和时尚理论进行了分析和探讨。

在各种有关时尚的定义中，具有代表性的有两大类。

第一类观点着重表述关于时尚流动性的行为方式。从字面含义来说，"时尚"是指目前在一定时期里，社会上普遍认同和接受的风俗或习惯，既有时间上的短暂性，又有流行性。时尚的流动性表现为：时尚时刻在变化，一旦时尚不再改变，可能由于社会封闭或者时尚已被固定成为民俗并成为一种社会的标准，此时"时尚"也就不能叫作时尚了。

第二类观点基于时尚表现出来的价值观及文化含义。例如，美国社会学家布卢默认为，时尚是一种流行的或被普遍接受的风格，被认为在某些领域具有比较高等的价值。日本学者藤竹晓也认为："时尚不但包括某种思想浪潮或行为方式渗入社会各个方面的过程，而且包括在渗透过程中，时尚设计的领域不断增多，时尚的理念不断地改变人们的价值判断的过程。"

因此，时尚作为现代社会最为常见的社会现象之一，也是流行文化的表现或者说是流行文化的一部分。综合各种观点，时尚一般可以表述为：时尚是指在一定时期出现的一种特定的生活方式和文化现象，它表现为人们对于某些具有特定意义的观念、行为和物品的尊崇和偏好，由少数人率先提出，并因在一定范围内受到多数人的仿效和追逐而流行，随即逐渐消退。具体而言，时尚是指一个时期内有相当多的人对特定的趣味、语言、思想和行为等各种模型或标本的随从和追求。

（二）时尚的特征

1. 新奇性

新奇性无疑是时尚最为显著的特征。具体来讲，一方面，新奇性包含"新"和"奇"两个方面，只有具备足够新奇性的事物才有成为时尚的可能。另一方面，同样"新奇"的事物，在不同的社会环境下被理解和被接受的程度也不尽相同。

2. 差异性

现代社会，时尚涉及社会生活更深更广的层面，时尚的差异性越发明显。具体来说，时尚在不同阶层、不同身份地位，不同地域、种族，不同年龄、性别甚至不同职业的人群中都表现出差异性。

3. 模仿性与从众性

模仿性与从众性是时尚产生和传播的心理机制，是时尚潮流不断向前发展的动力所在。上层人物、娱乐明星、商业明星甚至政治明星等各类社会名人的衣食住行方式都可能成为大众模仿的对象，他们往往是时尚的始创者、倡导者。

4. 短暂性

在互联网和社交媒体等技术高度发达的今天，时尚的这种短暂性特征表现得尤为明显。在这种情况下，人们在选择某种时尚的时候往往容易产生盲目跟风或随波逐流的现象。

5. 周期性

时尚的周期性，一方面指几乎每一种时尚都要经历从诞生、兴起、传播、高峰、衰退直至消失的过程；另一方面，时尚的周期性还意味着流行过后的某些时尚在一定的社会条件和文化心理的支撑下可能卷土重来，再次成为一时的风尚。

（三）时尚消费的内涵

如果一种商品已经不是作为一种有使用价值的物品而存在，而是作为一种代表着一定社会意义的符号而存在时，就称其为时尚消费。时尚消费的内涵体现在以下 3 个方面。

1. 时尚消费是一个复杂的综合体

由于时尚消费是在消费活动中体现的大众对某种物质或非物质对象的追随和模仿，因此，时尚消费不仅是一种流行的消费行为模式或对某种消费产品的追求，更是一种流行的消费观念和价值取向。

2. 时尚消费是一种生活方式

时尚，事实上是某一群体在某一特定时期的文化环境中变更既有风俗后，正在建立和被接受的生活方式和日常行为方式，它存在于社会各种群体和阶层，呈现出在社会生活各方面变迁中的一种风气，即生活方式。

3. 时尚消费是一种文化消费

时尚消费是以物质文化的形式流通的文化消费。时尚消费并不仅仅是物质的堆积，文化内涵的积累，它也体现人们的一种观念，一种行为态度。

近些年来，我国经济的发展、社会的变迁、大众需求的变化推动着我国学者对时尚和时尚消费的研究。周晓虹（1995）对社会时尚理论进行了探讨；胡荣等（2008）分析了时尚消费的符号意义与社会阶层建构；田超杰（2011）提出了时尚价值的概念，认为消费者追求时尚是因为时尚能够为其带来价值；李博雅（2015）分析了年轻一代在时尚消费中扮演的重要角色等。相对国外学者而言，我国学者在时尚消费的研究范围和研究方法方面还有待深入。

二、对老字号与时尚之间关系的理解

时尚消费作为一种社会心理现象，体现了消费者的消费爱好，更重要的是它体现了个人价值观念和内在审美，在消费活动中追求时尚也是一种社会进步的表现。在当今中国，消费者收入的提高，人们审美能力的提升，物质的极大丰富，使时尚消费蔚然成风，时尚消费是大众消费中最具生命力、最有情感因素参与的消费形式。对企业来说，时尚消费蕴含巨大的商业价值，成为赢得商机的关键。

作为历史悠久、具有鲜明的中华民族传统文化背景和深厚文化底蕴的老字号，之所以在社会的变迁中得以留存、取得社会认同，形成良好信誉，实际上与其不断适应不同时代的新需求、不断推陈出新紧密相关。从学术研究方面来看，当前对老字号的研究，包括对老字号历史的回顾和介绍，或者展示老字号的文化、风俗，或者从法律方面分析老字号的保护。而从营销学和品牌学角度来解读老字号，为老字号提出市场化建议是近年来的一个研究热点，尤其是出现了老字号和时尚相关联的一些研究。例如：《让"打卡"老字号成旅游消费新时尚》（付彪，2020）；《基于消费动机的老字号品牌时尚化策略研究》（邱靖涵，2019）；《老凤祥老字号品牌的时尚思维》（俞颖，2017）；《英国伦敦商业街的传统与时尚》（王先庆，2012）；《老字号发展的时尚历史脉络及现实策略研究》（郭薪，2011）。另外，相关的新闻报道包括：《老字号老凤祥的时尚之旅》（2015）；《内联升时 2014 尚首秀耀目恭王府》（2013）；《敢与时尚共舞：呼唤老字号创新精神的回归——再论老字号创新的本源及路径》（张翔华，2011）；《瑞蚨祥"定制服装"经典碰撞时尚》（2012）；《百年李锦记的时尚营销》（2009，吕艳丹）；《老字号中国时尚的历史脉络》（刘娜，2008）等。这些都表明，老字号的经营实践领域中正在积极加入时尚这一概念，这不仅是理念上的一种创新，也提出了相应的具体策略，体现了老字号与时尚相结合的发展动态和方向。

实际上，每个老字号在历史发展中都曾经有过自己的辉煌，具有当时社会的时尚特征，尤其是服饰类老字号，带有"天生"的时尚基因，正如老北京的民谣"头顶马聚源，脚踩内联升，身穿瑞蚨祥，腰缠四大恒"，就是通过服饰来描述当时的社会时尚特征。因此，当前老字号需要在时尚消费的引领下，跟上时代步伐而积极创新，为"老"品牌赋予"新"意义，使老字号不但具有传统文化的内涵，而且符合新时代对产品的时尚化要求，激发消费者的时尚消费需求，使老字号重新获得消费者的喜爱。

三、瑞蚨祥的历史与现状

瑞蚨祥，是北京具有代表性的中华老字号服饰品牌，截至 2021 年，在其 159 年的发展历史进程中，从不同方面展示了老字号的品牌精神、面貌和文化。

（一）发展历程

1862 年（清同治元年），瑞蚨祥在济南开张，创始人孟传珊（字鸿升）为"亚圣"孟子第 67 代后人。之后，瑞蚨祥在烟台、青岛、天津等地都设有分号，经营规模逐渐扩大，生意兴隆。1893 年（清朝光绪十九年），创始人孟传珊之子孟洛川派族侄孟觐侯在北京大商圈前门外租房设庄，批发土布。后来，孟觐侯建议孟洛川在北京开设布店，以抢占新的商机。于是孟洛川出资 8 万两白银，在大栅栏买地建房，并请翰林李林庠书写了牌匾，正式开办北京瑞蚨祥绸布店。

瑞蚨祥最开始以经营土布为主，后增加了绫罗绸缎、皮货等高档商品，经营品种也日益增多。京城的繁华使瑞蚨祥快速发展，到清末民初，瑞蚨祥已成为北京最大的绸布店，拥有五个字号，即东鸿记茶庄、瑞蚨祥总店（也称东号）、鸿记皮货店、西鸿记茶庄、西鸿记绸布店（也称西号），均位于大栅栏街内。

据记载，瑞蚨祥当年的店内布局分为前柜、二柜和楼上三大部分，前柜卖青、蓝、白布，二柜卖中高档布匹，楼上卖丝绸、皮货等高档商品。如果有顾客光临瑞蚨祥，先由四个年纪较大的员工拉开大门，含笑迎接，然后由售货员上来请坐、看茶，根据顾客需要，送上商品，请顾客选择。瑞蚨祥既满足了京城达官显贵、梨园艺人、大家闺秀、小家碧玉等富裕阶层顾客的需求，同时，瑞蚨祥也以货真价实、服务周到赢得了普通顾客。

1900 年，瑞蚨祥毁于义和团的洗劫，瑞蚨祥以非凡的气魄和商业信誉贴出告示："本店账本被火烧了，如果诸位有欠瑞蚨祥钱物，一概不用还了，凡瑞蚨祥所欠的钱物，一律按时偿还。"此举使瑞蚨祥获得广大民众的赞誉。不久重建开业。恢复以后的瑞蚨祥仍然以货品纯正、花色新颖闻名。

1949 年 10 月 1 日，鲜艳的五星红旗在雄壮的国歌声中冉冉升起，中华人民共和国宣告成立。而很少有人知道，这面红旗就是由瑞蚨祥供料制作的。

1954 年，瑞蚨祥率先实行了公私合营，五个字号合并为一，改成以经营绸缎、呢绒、皮货为主的布店，生产经营范围逐步缩小。

改革开放以后，瑞蚨祥逐步恢复经营。2001 年，瑞蚨祥改制为"北京瑞蚨祥绸布店有限责任公司"，成为自负盈亏、全体员工持股的企业。2012 年，瑞蚨祥开始升级品牌定位，不再经营中低档布料业务，而是专注于旗袍和婚庆礼服两大定制业务，着力打造"高级定制的中国服装领导品牌"。

目前，瑞蚨祥有 6 家实体店，除了位于前门大栅栏 5 号的瑞蚨祥总店（图 1-1）。分店分别是王府井瑞蚨祥店（图 1-2），以及金源新燕莎店、地安门百货商场店、西单商场店、城乡购物中心店，这些实体商店位于北京市的东西南北中方位，地处比较繁华成熟的商业圈。

瑞蚨祥经历的发展大事件见表 1-1。

图 1-1　位于北京前门大栅栏的瑞蚨祥总店

图 1-2　北京王府井大街上的瑞蚨祥店

表 1-1　瑞蚨祥经历的发展大事件

时间	事件
1862 年	瑞蚨祥绸缎店创立于济南，以经营土布起家
1893 年	在北京大栅栏开办瑞蚨祥布店
1900 年	庚子事变，瑞蚨祥遭到焚毁
1901 年	重建于北京大栅栏
1904 年	济南开埠后，创立瑞蚨祥鸿记布店
1934 年	瑞蚨祥在全国拥有 20 多家企业
1949 年	提供第一面五星红旗的面料
1954 年	公私合营，五个字号合并为一，改成以经营绸缎、呢绒、皮货为主
1993 年	被授予第一批"中华老字号"，申请"瑞蚨祥"商标注册
1995 年	列为北京市市级文物保护单位

时间	事件
1997 年	北京电视台春节相声晚会的外景地选择位于大栅栏的瑞蚨祥总店为背景制作播出，主持人身着瑞蚨祥制作的传统唐装走进瑞蚨祥的大门，烘托出民族佳节、民族风俗、民族服装和民族的喜庆
2001 年	股份制改革，瑞蚨祥成立了"北京瑞蚨祥绸布店有限责任公司"
2006 年	成为国家级文物保护单位
2007 年	中式服装手工制作技艺被列入"北京市非物质文化遗产"名录
2008 年	荣获"中国丝绸第一品牌"称号
2012 年	被评为"中国消费者值得信赖的著名品牌"；成立品牌管理团队
2013 年	重新品牌定位，推出高端定制业务
2014 年	进入网络营销阶段；参与中国婚博会
2015 年	设计研发饰品、文创产品等
2020 年	与代言人助力"非遗"传承，重塑"非遗"生机；开展线上直播活动
2021 年	建立官方微博（瑞蚨祥 1862）

（二）品牌标识与品牌宗旨

瑞蚨祥店名源自"青蚨还钱"的典故，融入了中华传统的吉祥祈福寓意和商业文化。据说，店名中的"蚨"是古代传说中一种形似蝉的昆虫。晋代《搜神记》卷十三记载，青蚨"生子必依草叶……取其子，母必飞回，不以远近……以母血涂钱八十一文，以子血涂钱八十一文，每市物或先用母钱或先用子钱，皆复飞归，轮转无已"。也就是说，钱花出去，还能再飞回来，用之不竭。"青蚨"后来成了钱币的别名和财源广进的象征。

瑞蚨祥是较早采用"图案 + 文字"注册商标作为品牌标识的老字号。1993 年，瑞蚨祥注册了由"图案 + 文字"组合而成的第一代品牌标识：位于底部的母蚨与位于顶端的子蚨通过青绿色的叶状纹路连接，形成闭环；"瑞蚨祥"三字为红色"原字号"体，采用文言文从右向左的阅读顺序呈"品"字形排列（图 1-3 左）。这种"图案 + 文字"组合设计的品牌标识，不仅提升了品牌辨识度，也有助于知识产权保护。

2012 年，基于新的品牌发展思路，瑞蚨祥对原品牌标识进行了改进，品牌标识保留了母子青蚨闭环，"瑞蚨祥"三字从母子青蚨闭环内移到图案下方，呈"一"字横排，符合现代人从左向右的阅读习惯；英文名称"REFOSIAN"和品牌创始时间"1862"列于图案下端，为新增元素（图 1-3 右）。

图 1-3　瑞蚨祥品牌标识的变化

百年以来，瑞蚨祥始终坚持"至诚至上、货真价实、言不二价、童叟无欺"的品牌宗旨，与时俱进，在创新中传承中华优秀服饰文化。不仅是首批获颁牌的"中华老字号"，更是被中国商业名牌管理委员会认定为"中国丝绸第一品牌"。当前，瑞蚨祥与其他老字号同样都面临市场萎缩、品牌老化等问题。

四、瑞蚨祥发展中的时尚历史脉络

瑞蚨祥的发展史，从某种意义上说，就是一部时尚创新史。历史上，正是瑞蚨祥在保持文化根基的同时，顺应不同市场和受众需求，紧跟时尚脉搏，开发时尚营销元素，才使品牌生命得以延续。在当前瑞蚨祥产品形式单一、品牌形象老化、品牌传播弱化等问题的基础上，需要拓展思路，继承发扬品牌的"时尚基因"，实施时尚创新策略，拓展产品服务品类、丰富店面招牌等表现形式，加强品牌体验，实现品牌创新升级。

（一）跟随时尚消费需求，产品及工艺的传承与创新

历史上，瑞蚨祥初期以经营寨子布为主，后来经营绸缎、呢绒、皮货等。其中，瑞蚨祥的皮货以质地优良、品种齐全闻名。当时，瑞蚨祥瞄准上层社会的需求，从我国北方乃至亚洲进口皮货精品，如海龙、水獭、猞猁、紫貂、滩羊皮等，进货渠道多样。在北京、天津一带，四五千元一件的貂褂、千余元一件的海龙领子、最好的金丝猴、白狐等稀有皮货，作为当时最时尚的皮货，往往只在瑞蚨祥有货。图 1-4 展示的是旧时瑞蚨祥在销售裘皮大衣的场景。

图 1-4　瑞蚨祥曾经销售裘皮大衣的场景

图 1-5　公私合营时的老字号瑞蚨祥店

图 1-6　瑞蚨祥总店店内一角

中华人民共和国成立后，瑞蚨祥作为首批中华老字号企业施行公私合营（图1-5），主要经营绸缎、布匹、皮货，受当时社会环境的影响，主要以满足消费者最基本的物质需求为主。

改革开放后，在市场经济的推动下，瑞蚨祥逐渐建立自己的品牌管理制度，积极参与市场经济体制下的品牌竞争，对商店环境进行了改造（图1-6），在销售丝绸、棉织布的基础上，开始经营丝绸、化纤、绸缎、呢绒、皮货等品种，产品包括丝绸、真丝服装、旗袍、大衣、皮草、男装、围巾、配饰、家纺用品等多个领域，不断寻求新的经济增长点。1993年正式申请注册"瑞蚨祥"商标，并被确定为中华老字号品牌。

近年来，瑞蚨祥在传承品牌特色和传统制作技艺的基础上，融入时尚元素，不断创新产品设计理念与制作工艺。同时，顺应时尚演变和消费升级趋势，通过品牌延伸拓展产品和服务品类，如针对年轻消费群体开发了既突出中式元素又符合现代审美观的轻奢品及文创知识产权（IP）联名新款等。目前，瑞蚨祥的服务品类和产品主要有旗袍定制、婚服设计、成衣制作、丝巾、家用纺织品和特色商品等。

其中，旗袍定制是目前瑞蚨祥产品经营的核心业务（图1-7）。旗袍被认为具有中国女性服饰文化的象征意义，是中国服饰文化最绚丽的代表之一，不仅能够展示中国传统服饰的魅力，而且是具有时尚特征的经典产品。瑞蚨祥结合现代时装设计的特点，对传统旗袍进行改良。对传统旗袍的襟型、领型以及袖型等形态进行再设计，融合传统旗袍造型与现代时装设计，在旗袍制作过程中，瑞蚨祥在遵循传统制作技艺的镶、滚、拼、盘、贴、荡等的同时，又增加了手工刺绣等技艺，选料精良、剪裁得体，滚边讲究，盘扣精美（图1-8）。在此基础上，对旗袍的襟形、领形、袖形、裙摆四大细节进行时尚化协调搭配，充分体现了优雅的造型效果。瑞蚨祥旗袍时尚的设计和精湛的制作技艺受到了消费者的喜爱，成为引领新中式服装的时尚风向标。

图 1-7　瑞蚨祥的旗袍定制服务　　　　　　图 1-8　瑞蚨祥的精美盘扣

（二）丰富店面和招牌等表现形式，实现传统与时尚的融合

瑞蚨祥的总店位于北京大栅栏街 5 号（图 1-9）。该建筑是一座巴洛克式的中西合璧建筑，如今已是全国重点文物保护对象。与中国传统的红墙琉璃瓦不同，瑞蚨祥的外墙是弧形的石壁，而非塔式小楼，两边为半圆看面墙，墙上雕花鸟图案。同时，保留着中式建筑的细腻精致，匾额楹联、雕廊画栋，中西风情在瑞蚨祥建筑上完美融合，和而不同、新颖别致、品味超凡，是大栅栏最吸引人的一道风景线。这座建筑就是在今天看来，其外观与结构仍然很时尚，显示出瑞蚨祥昔日的辉煌。

图 1-9　瑞蚨祥北京大栅栏门店

瑞蚨祥店内装修风格豪华气派，内部的天井式建筑由传统院落式建筑发展而来。其平面格局多为"回"字或"口"字，由两层或是三层构成，房间沿天井四周围合。楼上各部分通过跑马廊联系起来，屋顶用罩棚将天井覆盖，就像现代建筑中的中庭空间（图1-10）。

由瑞蚨祥的正门进入，是一个宽敞的展示空间，在旧时，这个地方用于给光临瑞蚨

祥的顾客停轿子，现在，经过修缮后，用作展示空间（图1-11），主要展示制作丝绸的
工艺顺序以及瑞蚨祥旧时热闹的经营情景。

图1-10　北京大栅栏瑞蚨祥　　　　　图1-11　北京大栅栏瑞蚨祥店内一角
店内的天井式建筑

目前，瑞蚨祥在建设新的门店时，因不能复制总店的门店建筑而采用了新的时尚的
设计方法。例如，位于金源燕莎购物中心的瑞蚨祥店，店面融合现代与古代审美的特
点，寓意既传承古典，又融合现代，清晰透亮的通体落地橱窗，搭配白色的门栏和金属
支架，三者构成了店铺外观，店内朝门的视觉中心位置，红篆体"至诚至上、货真价
实、言不二价、童叟无欺"，台上有绸缎饰物、青花瓷瓶，古典韵味和现代气息萦绕在
一起（图1-12）。

图1-12　瑞蚨祥北京金源燕莎购物中心店铺

（三）传播方式与时俱进，树立品牌新形象

瑞蚨祥旧时以口碑相传为主，后来，顺应不同时代的社会风尚和潮流，采用当时最

流行的宣传形式以及手法，浓缩着浓郁的时代烙印。从民国时期到现代，广告的风格以及给人的感受完全不同。

例如，瑞蚨祥曾经采用月份牌的方式宣传品牌。月份牌是指卡片式的单页年历，方言指日历。"月份牌"画的诞生，源于西方列强的强权政治。1843年，上海被迫辟为国际通商口岸，开埠之后，迅速推进了上海城市的近代化进程。所谓"月份牌"画，就是此时欧美资本大量输入上海，许多外国资本家纷纷在上海开厂设店，倾销商品进行广告宣传的产物。其形式借鉴和运用了在中国最有群众性的民间年画中配有月历节气的"历画"样式，融入商品广告。最初，外国厂商聘请中国画师设计的"月份牌"画，画面除了商品宣传外，表现的大都是中国传统题材的形象，或中国传统山水，或仕女人物，或戏曲故事场面等。后来，则发展为画面以时装美女为主要表现形象。艺术手法上，初以中国传统工笔淡彩或重彩作表现，后来发展为以西洋擦笔水彩细腻的写实手法作表现，色彩明净鲜丽，并且大都用技术更为先进的铜版纸以胶版彩色精印，上下两端还镶有铜边，上端铜边居中穿孔，可以张挂，随出售商品免费赠送顾客，广受欢迎。人们获得这种配有月历节气的商品宣传画后，整年张挂在家里，既可装饰欣赏，又可查阅日期节气，人们习惯地称它为"月份牌"。这种"月份牌"在每年春节（新年）前更是被大量发行，赠送给顾客，人们都把它作为年画欣赏。月份牌影响下的瑞蚨祥广告，如图1-13所示。

图1-13　旧时瑞蚨祥"月份牌"广告宣传

瑞蚨祥月份牌上所展示的信息有民国时期的时髦女性形象、"品牌名称：瑞蚨祥""经营范围：绸缎洋货""店铺地址：北京前门外大栅栏东口路北"，同时也写明了商店中楼上楼下的电话。另外，也有一些瑞蚨祥的分店广告，如图1-14所示。月份牌广告借鉴和运用精美的画面展示了一个时代的文化内涵。

图 1-14　旧时瑞蚨祥广告作品

　　如今，经过时代的变迁，瑞蚨祥的广告突出建立品牌形象，如图 1-15 所示，广告的背景画面通过红墙绿瓦来表现其品牌传统，突出历史感、尊贵感，模特身穿中式服装，在造型和设计上表达出时尚的特点，广告语"值得等待的奢华"，向消费者传达了瑞蚨祥的悠久历史和现今的高端定位形象，更加注重品牌经营特色，传递"传承 150 余年的精湛技艺""非物质文化遗产""高级定制"等信息，并将其作为广告标语。

　　由此，从民国时期到现代，广告的设计、风格虽然改变，但是总体来说，瑞蚨祥的宣传形式以及手法都结合了当时最时尚的元素，浓缩着浓郁的时代烙印。

　　如图 1-16 所示，广告的背景、模特造型及服饰设计都表现出传统与时尚相结合的特点，广告语中"奢华"一词直接反映出品牌定位高级市场，"值得等待"则暗示消费者品牌的定制业务虽然制作周期略长，但为了更奢华精致的成品，一切等待都是值得的。通过简短却富有张力的七个字，向消费者传达了瑞蚨祥整体品牌的高端形象，同时，使目标顾客对瑞蚨祥产生期待。

图 1-15　瑞蚨祥宣传品牌"传承 150 余年的精湛技艺"

图 1-16　瑞蚨祥推出"值得等待的奢华"广告语

　　近年来，瑞蚨祥融合大众媒体和新媒体进行品牌宣传推广，博得了新一代消费者的目光。参与湖南卫视《天天向上》、北京电视台《这里是北京》等节目的录制，以瑞蚨祥为题材拍摄的电视剧《一代大商孟洛川》等，生动形象地把瑞蚨祥的百年历史、精湛技艺、现代创新等方方面面的品牌内容向消费者娓娓道来，用"讲故事"的方式更能够让消费者了解瑞蚨祥，提升其品牌价值，树立品牌年轻、时尚的新形象。

五、结论与建议

当前，我国消费者对服饰的需求呈现个性化、时尚化的特点，这已成为当代社会的一种普遍现象。因此，对服饰时尚性的消费需求将成为带动产业发展的推动力，而这种趋新善变的表现特征就是服饰产品和形象的时尚特征，随着中国消费升级时代的来临，时尚成为驱动消费的重要商业元素，具有巨大的商业价值，也成了服饰类品牌营销创新中不可或缺的元素。瑞蚨祥面对市场的变化，透过了解不同时期时尚消费需求，紧跟市场的步伐，开发聚焦特色产品，并从店面设计和品牌形象方面塑造品牌新形象。同时，通过多渠道传播方式与消费者沟通，与年轻人互动，实现时尚化转型，成为服饰类老字号回归市场的代表品牌之一。

消费者的需求处于不断变化之中，"与时俱进"直接决定了老字号的前景。老字号要想得以延续和发展，需要在观念、技术、服务、管理、营销等方面提升创新能力，为企业发展注入新元素。服饰类老字号，更应该克服消费者认为的古老、刻板、过时的印象，围绕时尚进行品牌定位、品牌营销，使老字号重焕光彩。

（1）基于时尚消费，打造品牌的"时尚基因"，大力推进高级定制服务

高级定制服务体现了瑞蚨祥品质化的服务理念。因此，瑞蚨祥在当前时尚消费的社会背景下，通过传承百年的精湛工艺，利用拥有传统工艺最高水平的技师团队，进一步突出品牌的时尚性和定制服务，使其成为高级定制的百年经典品牌。

（2）线上线下渠道融合，探索营销新模式

坚持传统与现代时尚相结合，在突出线下实体门店特色的同时，积极建立线上销售渠道，扩大当前在京东、天猫等电商平台知名度和销售量，并通过微信公众号、微博等平台，与年轻的消费群体建立联系，讲述品牌故事、发布新款产品、推送最新活动信息，提升流量转化效率。同时，探索"直播＋生活＋场景"新营销模式，例如采取直播、线上量体、个性化搭配等新的营销方式。

（3）扩大传播渠道，丰富品牌体验

尽管瑞蚨祥的产品在设计方面加入了时尚元素，但尚未完全被目标消费者明确感知。因此，需要扩大传播渠道和方式，在传播口强调时尚特征，例如，可以在传播中凸显穿着的社交性情境和场合，引导消费者对服装消费情境的认识与联想，进而与消费行为相对接。另外，除了利用商店环境语言与顾客沟通，发现与顾客的接触点，完善细

节，形成情境与人、产品与人、人与人的不同体验之外，还可以通过打造非遗文化体验区和高端定制区，加强与顾客的互动，丰富品牌体验，体现品牌的"温度和温情"，增进消费者对老字号品牌的认知和情感共鸣。

（白玉苓）

本章参考文献

［1］张景云，吕欣欣.瑞蚨祥：百年品牌创新升级［J］.企业管理，2021（4）：81-83.

［2］付彪.让"打卡"老字号成旅游消费新时尚［N］.遵义日报，2020-11-06.

［3］邱靖涵.基于消费动机的老字号品牌时尚化策略研究［D］.郑州：郑州航空工业管理学院，2019.

［4］俞颖.老凤祥老字号品牌的时尚思维［J］.设计艺术研究，2017，7（5）：41-45.

［5］周进.关于时尚理论的研究［J］.东南大学学报：哲学社会科学版，2012（3）：108-113.

［6］田超杰.基于消费者体验的品牌时尚价值形成机理研究［D］.上海：上海财经大学，2011.

［7］郭薪.老字号发展的时尚历史脉络及现实策略研究［D］.长春：东北师范大学，2011.

［8］胡荣，陈斯诗.时尚消费的符号意义与社会阶层建构［J］.社会科学研究，2008（6）：110-114.

［9］齐奥尔格·西美尔.时尚的哲学［M］.费勇，译.北京：文化艺术出版社，2001.

［10］瑞蚨祥官网.http：//www.refosian.com.

［11］中国影像门户.http：//cicphoto.com.

第二章
C 企业：可持续时尚战略

一、C 企业概况

著名欧洲时装零售企业 C 以提供时尚新颖、紧随时代潮流且物美价廉的时装及配饰而闻名，在全球 21 个国家设有 1800 多家门店。C 企业遍布欧洲各国、巴西、墨西哥和中国四个零售市场，努力创建一个让客户钦佩和信任的品牌，协调所有的企业努力学习与可持续发展相关的举措。

C 企业从 2005 年开始承诺将致力于使用更加可持续的资源，继而有了 100 万件有机棉做成的衣服。2017 年，成为全球第一家提供 C2C 金标认证的 T 恤零售商。2018年，推出了世界上第一条通过 C2C 金标认证的牛仔裤。2020 年，超过 1.23 亿件服装是由有机棉制成的，如今，C 企业仍然是全球认证有机棉的最大买家之一。即便受新冠肺炎疫情影响，C 企业在 2020 年仍然达到 96% 的棉花采购都更加可持续。

C 企业的可持续发展战略，不只局限于可持续原材料的使用，还对可持续时尚其他关键领域进行了探索与创新。

二、C 企业可持续时尚发展路径

（一）履行企业社会责任是 C 企业可持续发展的开始

快速灵活的供应链体系是快时尚品牌发展的核心竞争优势。不同于其他快时尚品牌，C 企业坚持将社会责任作为构建供应链体系的基本标准。

1995 年起，C 企业将社会责任标准列为管理项目之一，并委托 SOCAM 机构（ Service Organisation for Comlpiance Audit Management ）监督其供应商是否符合国际认可的社会责任标准，预防供应商剥削劳工及违反劳工基本权益，主要包括工作环境、员工健康及安全，并制定了"C 企业供应商行为准则"（ Code of Conduct for the Supply of Merchandise ）。

SOCAM 机构是独立运作的组织，其稽查员访察供应商的制造工厂时采用抽查方式，不会事前通知，若查到供应商严重违反"C 企业供应商行为准则"的监督标准时，C 企业会立即中止双方的合作关系，供应商必须在改善后才可能再度与 C 企业合作。C

企业每年至少花费 300 万美元来监督此准则的实施，并坚持要求供货商提供上游货源生产商的资料以便检查，即要求供货商必须告知每一个生产厂的地址。

2000 年开始，C 企业要求婴幼儿服装供应商必须提供产品的 Oeko-Tex Standard 100 证书。2005 年，C 企业将该要求延伸到所有成人服装。现在 C 企业要求纺织品皆需符合禁用有害物质的最新标准，为衣、袜子、泳装及婴幼儿产品均须符合 Oeko-Tex Standard 100，唯有符合严格检测程序并能提供质量保证的厂商才能在其产品上挂上 Oeko-Tex 标签。该标准禁止及限制使用纺织品含有害物质，包括偶氮染料、致癌或引发过敏的染料、甲醛、杀虫剂、重金属、色牢度、pH 等。

C 企业基于社会责任标准建立的供应链体系，成为企业得以持续发展的保障。

（二）可持续战略成为 C 企业发展的新动力

在全球范围的快时尚速度战和价格战的热潮过后，快时尚品类进入市场冷静期，速度不再成为决定中档时尚零售商未来的唯一标准。在关心跑得快不快之外，现在市场更关心谁能跑得更远。

随着"可持续"融入主流话语体系，越来越多人开始关注购物狂欢和消费主义的代价，时尚行业背后的可持续问题和道德问题浮出水面。报告显示，时尚是继石油和天然气之后全球污染最严重的产业之一。涉及过度浪费、劳工福利等问题的快时尚也成为行业中首当其冲被诟病的对象。

可持续时尚逐渐成为快时尚品牌发展的方向。尽管可持续发展转型对一些品牌而言，意味着额外的前期投入，但从长远的角度来看，却增加了消费者对品牌的好感，反而有助于提升品牌销售表现。

C 企业通过对包括原材料、供应链和员工工作环境方面的可持续化布局，在除环保面料系列之外的非可持续系列的生产上，也达到了足够的可持续标准。C 企业的努力成功地用"可持续"的品牌形象潜移默化地替换了此前人们对快时尚品牌除了"快"之外面目模糊的单一印象。C 企业的可持续战略不仅没有拖累品牌的发展速度，反而成为未来品牌发展的新动力。

现在看来，C 企业对可持续发展的提前布局一方面是出于企业的社会责任，另一方面，从商业角度看这样的布局也极具前瞻性。

（三）C 企业可持续发展的全面转型

经过几年的努力，C 企业逐步从快时尚品类跳脱出来，成为讲求质量和社会责任的时尚零售商。其对包括供应链、产品原料等环节在内的全面改造，为更多快时尚品牌提供了借鉴。

从 2005 年起，C 企业已加入纺织交易协会，在不到 10 年的时间里一跃成为"全球领先有机棉买家"，并于 2012~2016 年在"十大有机棉使用商"的年度排名中蝉联榜首。

C 企业的可持续发展转型已经得到了全球权威第三方机构的认可。根据时尚产业非政府组织 Fashion Revolution 每年发布的备受关注的时尚透明度报告（Fashion Transparency Index），2018 年，10 个服饰品牌取得突出进展，C 企业也在其列。该报告选取全球范围内市场规模最大的 150 个服饰品牌，根据品牌公布的社会责任与环境保护政策与成果排名。

C 企业的可持续发展步伐更加坚定与清晰。2020 年的可持续发展目标包括三个方面：一是实现 67% 的原材料更具可持续性，100% 的棉花更具可持续性；二是全国门店、配货中心和总部的碳足迹总共减少 20%，实现零危险化学品排放；三是不断提高员工可持续发展绩效，并且在"妇女赋权原则行动"计划中建立并实现关键目标。

三、C 企业可持续发展战略

可持续时尚是推动整个时尚系统向生态完整性和社会正义转变的系统工程。C 企业结合企业自身情况，2012 年开始推出了企业可持续发展的三大战略支柱，包含可持续产品、可持续供应链和可持续生活。

（一）可持续产品战略

可持续产品是可持续时尚的核心。其核心意义在于，围绕提供可持续产品这一目标，企业不仅需要以可持续发展理念优化、再造产品从零到有的全过程，实现价值创造流程到细节的全面可持续性，而且需要深入产品到消费再到循环利用的过程环节，努力构建可持续价值链的闭环。

1. 可持续产品战略的实践探索

（1）可持续产品的原材料

C 企业作为快时尚品牌，款式多、销量大，为保证产品的可持续性，必须紧抓源头——原材料，确保原材料的绿色、环保，是企业可持续产品战略的首要内容。

根据原材料的类型，C 企业对原料进行了细致的规定，如尽可能多地使用天然有机棉，且有机棉产品必须由独立的第三方机构进行认证；不允许使用对动物进行活体采集动物的毛发，不允许含有安哥拉兔毛纤维、马海毛等，不允许使用任何濒危物种的羽绒、羽毛、皮革制品，羽绒、羽毛、皮革和毛皮只允许来源于诸如牛、水牛、绵羊、山羊和猪等主要为了食品加工生产而饲养的动物。

除天然材料外，C 企业要求供应商承诺提供 100% 更加可持续的再生纤维素纤维。C 企业支持 CanopyStyle（Canopy 是一家致力于保护森林、物种和气候的国际非营利环保组织，旗下有"纽扣排名"，考量维度主要包括对森林保护的贡献、研发新的可替代纤维、可追溯性和透明性等）的倡议，要求供应商从经过 CanopyStyle 验证审核的纤维生产商处采购再生纤维素纤维，比如，人造棉、莫代尔、莱赛尔。为此，集团指定兰精和博拉集团为首选再生纤维素纤维生产商，从 2018 年第一季开始，品牌要求供应商提供的所有再生纤维素纤维来源于这两家生产商。

（2）可持续产品的开发

C 企业努力不断提高产品按照循环原则设计的百分比，包括持续开发 C2C 认证产品。这些服装由 100% 有机棉制成，含有安全的材料和化学物质，以对社会和环境负责的方式生产，因此，它们可以反复使用、重复使用或回收利用。

C2C 认证的产品标准是一个全面的标准的解决方案，解决了定义未来产品的关键可持续发展目标。2017 年，卖出了第一款 C2C 认证的金标 T 恤，并在 2018 年继续扩大 C2C 认证的产品组合，采用了第一个白金水平的 C2C 认证的面料推出了创新牛仔系列。开发了 100% 快速可再生资源和完全可回收的可持续产品系列，这个系列包括牛仔夹克、裤子和衬衫。多年来，C 企业已经推出了超过 400 万种通过 C2C 认证的产品。

C 企业从原材料选择、原材料供应、原材料认证整个原材料获得的流程进行可持续化改革，确保时尚产品是绿色的、环保的。然而，原材料仅仅是可持续产品的一个环节，产品设计、生产也是影响产品可持续性的重要环节。近年来，C 企业继续对可持续产品的深度探索，如可持续产品设计，以及为方便消费实现产品的可追溯性和透明性。

（3）可持续产品的设计

2018 年，C 企业中国与站酷网合作发起了"环保棉产品图案设计大赛"，最终是插画师李晓前的作品《和谐共生》获得了冠军大奖。C 企业因此与原创设计品牌九口山共同打造《和谐共生》联名款环保纸笔记本系列，试图打通可持续性和创意性之间的隔阂。

可持续产品设计，就是可持续理念指导下的产品设计，可以是可持续思想的创意设计，也可以是有利于循环利用的结构设计；可以是以减少材料、生产浪费为目标的设计方法优化，也可以是以提高产品使用率、减少消费浪费为原则的产品组合创新。总之，可持续产品战略中设计环节的探索空间还很大。

（4）产品的可追溯性和透明性

C 企业是时尚价值链上可追溯性和透明性的早期倡导者，也是最早对确定服装所用棉花的来源感兴趣的公司之一。2018 年，由荷兰时尚创新平台（Fashion for Good）和 C 企业合作组织启动了有机棉花可追溯性试点项目。这次试点的目标是测试和验证结合区块链技术的产品标记，作为现实实践中的可追溯性解决方案。领先的区块链技术合作伙伴 Bext360 整合了技术支持合作伙伴的技术，其脱氧核糖核酸（DNA）、隐形荧光和微生物组技术被应用于跟踪有机棉花。在经历了纺纱、化学处理、高温和染色的艰苦制造过程后，DNA 和隐形荧光示踪剂完好无损，可以准确识别零售店为消费者准备的服装中的棉花。电子标签可以通过生产收集的唯一数字数据点进行额外的验证。区块链平台部署机器视觉和人工智能，自动对棉花的质量进行分类和分级，然后可以通过整个价值链跟踪每一笔交易。在有机棉花可追溯性试点中探索的新工艺创造了一条数字和物理轨迹，通过结合区块链的不变性和验证纤维身份的产品标记，提高了追溯的可靠性。通过完全可追溯的有机棉，希望在提高可持续产品意识的同时，扩大其在工业中的使用。

产品可追溯，可看作是可持续产品与消费沟通的重要通道，不仅有利于改变消费认知，引导可持续消费，而且过程内容的全程追溯，还将增加产品的商业价值。因此，产品可追溯应作为可持续产品战略的重要内容，大力推进。

2. 可持续产品战略保障

C 企业制定了明确的规范和要求，确保可持续产品战略实施。

（1）C 企业可持续产品要求

C 企业可持续产品要求 100% 天然有机棉，负责任的工厂，节约用水，使用安全的化学品，可循环再生设计，具体要求如下。

- 使用来自经过认证的木材资源的可持续纤维素纤维。
- 来自动物的纤维原材料将遵循负责任的原则。
- 使用安全的染料和可信赖的化学品。
- 节水牛仔系列，降低牛仔水洗过程中的用水。
- 从旧物到新衣，通过循环再生材料生产产品。
- 持续增加可追溯的天然有机棉的使用量。
- 让可持续成为新常态，在 C 企业门店和网店贴绿色标志供消费者识别。

（2）C 企业可持续产品标准

所有 C 企业的申报为更可持续的产品和原材料必须获得有资质的独立第三方的认证。

- 最终产品必须获得交易证书 TC。
- 产品证明必须上传到可追溯系统平台或者内部管理体系。
- 全流程供应商必须持有效的认证证书。

3. 可持续产品战略实施情况

成就一：采购 96% 的更可持续棉花

传统的棉花种植和生产过程相对于更可持续的棉花来说，有更多的负面影响。更可持续的棉花是认证有机棉花（符合有机棉标准 OCS 或全球有机纺织品标准 GOTS）、更好的棉花、回收再利用棉花，或是转换期棉花（农民在转换有机认证期间生产，通常是 3 年）。

C 企业将更可持续的棉花的使用率从 2016 年的 53% 稳步增加到 2020 年的 96%，这是一项重大的成就。

C 企业产品中 40% 的棉花是有机的。根据权威研究，世界上仅有 1% 的棉花是有机的。因此，C 企业通过与供应商和合作伙伴的努力合作，实现 40% 的有机棉花，这是一个显著的成就。2020 年，C 企业使用的有机棉花增加了 6%，而优质棉花的采购减少了 4%。

2020 年，C 企业中国零售市场的目标是在儿童产品中使用更多的有机棉花。尽管从优质棉花向有机棉花转型导致 2020 年可持续棉花采购下降了 12 个百分点，使可持续棉花占比变为 85%，但 C 企业中国仍致力于为可持续棉花的使用制定高标准，尤其是在儿童系列中。

成就二：67% 的原材料更可持续

C 企业将更可持续的原材料定义为在第三方认证或验证下采购的原材料的比例，例如：经认证的有机棉，符合 CanopyStyle 倡议的黏胶纤维，经认证的回收材料。

2016～2018 年，C 企业中国将更可持续的原材料采购量从 45% 提高到 65%，接近 67% 的目标。这在一定限度上是由于 C 企业中国 2017 年承诺获得 100% 更可持续的黏胶纤维，以及努力在衬衫、连衣裙和外套中使用回收聚酯。由于新冠肺炎疫情导致的供应链问题和可持续棉花向有机棉（转换期）转移，2019 年和 2020 年采购的可持续原材料比例下降，2020 年降至 58%。

自 2016 年以来，C 企业认识到需要增加对经过认证的再生聚酯纤维的使用。因此，开发并销售了经全球回收标准（GRS）或回收含量标准（RCS）认证的聚酯产品。由于聚酯是产品中的重要材料，因此，致力于减少对化石燃料的影响，随着时间的推移，继续增加对经认证的再生能源的使用。

除此以外，C 企业还增加了人造纤维素的产销监管链和可追溯性，以确保到 2021 年，只从博拉和兰精采购这些材料，这些供应商提供更可持续、更负责任的纤维素。

（二）可持续供应链战略

供应链的可持续发展，是一个庞大的系统工程，需要处于供应链核心的企业发挥主导作用，利用自己的渠道话语权，影响供应链上的所有企业。核心企业应该与自己的供应商，以及供应商的供应商等达成合作，把可持续发展的理念融入整个供应链的管理，创造可持续的供应链。这样才能增强供应链的整体竞争能力，在未来的竞争中赢得更多消费者。

企业在选择供应商的时候，除了产品质量和价格因素，还应该全面考察供应商的可持续发展能力。既包括产品本身，同时也要更强调规范管理、环境保护、员工健康安全和权益保障、道德规范和监管等各种要素，建立可持续供应商评价指标体系。并且在与供应商合作的同时，也应加强对供应商可持续管理实践的监管。

C 企业的可持续供应链战略目前主要聚焦两个方面，一是净化环境，减少对环境的影响；二是确保安全和公平的工作条件。2020 年，C 企业在净化环境方面，实现了有毒有害化学物质零排放，降低 20% 来自门店、仓库、办公室的碳排放；在安全和公平劳动方面，实现 100% 产品生产来源于 A/B 等级的供应商，并构建了供应链自查能力和供应商主动权责感。

1. 可持续供应链战略第一步：重构绿色供应链

C 企业可持续供应链战略实施的第一步是要重构绿色供应链，其焦点在于，提高资源和能源的利用效率，减少废物排放，降低环境污染。这一任务涉及供应链上的所有企业，以及所有企业的各操作环节。涉及面广、难度大是这一任务的特点。

（1）明确具体目标和管理制度

首先，C 企业明确了这一任务的具体目标——建立一条有毒有害化学品零排放的供应链。

然后，制定了科学的管理制度——可持续化学品管理计划。该计划从输入、过程和输出三个方面管控化学品的使用。输入管控的目的是让供应商采购符合危险化学品零排放（ZDHC）要求的化学品。过程管理是确保每个供应链合作伙伴拥有满足 ZDHC 要求的人员、管理系统、工具和专业知识的关键。在输出管理方面，定期在供应商的生产单位进行 ZDHC 基础废水指南的检测，确保水的清洁排放。C 企业致力于使企业设施100% 达到供应链管理计划所列的最低性能标准。

在过去的五年中，C 企业还开发了全面的工具来跟踪和测量供应链中的化学品。2016 年，积极支持 ZDHC 化学品管理审计和可持续服装联盟（SAC）的 HIGG 指数工具的融合，以创建 HIGG 指数设施环境模块。这是一个重要的步骤，能够促使更多的供应商使用化学品管理，降低整个供应链的成本，并改善企业工作的积极影响。

（2）与供应商协同推进战略实施

可持续化学品管理计划的推进，需要得到供应链上所有企业的响应，为此，C 企业本着双赢的原则，主动推进了各种资源、工具、项目的应用，来简化供应链企业实施可持续化学品管理计划。

2017 年，C 企业进行了一个试点项目，以更好地了解供应商购买的化学品以及它们的来源，提高了对 C 企业供应链中化学品使用的可见性。同年，ZDHC 推出了"Gateway"，这是一个全球安全化学数据库，使化学配方者能够与符合 ZDHC 标准的品牌、纺织品、鞋类和皮革供应商安全地共享化学信息。

2018 年，C 企业推出了名为"CleanChain"的工具，以提高供应链中使用的化学品的透明度，让企业能够确定使用了哪些化学品，谁在供应它们，数量是多少。

C 企业的审计体系与 Higg 3.0 FEM 行业标准保持一致，该标准将制造商、品牌和零售商相联系，测量环境影响，并提供各种培训和改进资源。

这些资源的开发使企业能够简化供应链管理计划的推出。到 2018 年，在全球拥有 300 多个生产单元的覆盖，包括所有主要的纺织厂、洗衣店、打印机和 C 企业供应链的垂直机构。截至 2019 年底，93% 的设施满足了企业要求，短短几年就取得了重大成就。

（3）其他举措

在更实际的经营层面，C 企业还启动了节能低碳项目，从 2016 年开始，C 企业逐一将门店的灯具替换成省电 LED 灯，目前已有 15 家门店改装完毕。经过改造的一家门店一年内可省下电能高达 13 万～15 万 kW·h，和之前相比节省了 33%，相当于每家店省了近 10 万小时的空调耗电。

森林保护也成为 C 企业在中国的可持续发展重点，公司承诺以合理的方式鼓励品牌的面料供应链为保护现有古老濒危森林及其濒危物种栖息地而做出贡献。包括对自身目前纤维类面料的使用情况进行评估，不以加拿大与俄罗斯的北方针叶林、大洋沿岸温带雨林等古老濒危林区的木浆为面料来源。

（4）绿色供应链的成就

根据公众环境研究中心（IPE）公布的数据显示，C 企业 2020 年化学品管理居绿色供应链 CITI 指数全球排名第一。

2. 可持续供应链战略第二步：提升供应链可持续发展能力

如前所述，供应商的可持续发展能力不仅表现在环境的友好性，还需关注员工的健康安全和权益保障，以及企业的道德规范等问题。为降低供应风险，提升客户满意度，提高供应链竞争力，企业需设计合理的供应链管理的评价标准与保障体系，并依据评价体系，优选供应商，确保供应安全。

（1）制定可持续供应链管理评价标准

C 企业基于供应链可持续发展能力的提升，制订了供应商自主权计划，并确保供应商遵守"C企业供应商行为准则"的运作。该标准操作程序包括高度关注供应商负责任地管理其劳动实践的所有权和责任，与工厂工人的对话，以及推动成功的能力建设和管理系统。

C企业从A到E给每个供应商的生产单位打分，其中A是最高的。在评估供应商的可持续性时，第一项指导原则是透明度，并得到能力建设的支持。可持续性标准占C企业欧洲供应商总体记分卡评分的20%，与利润贡献、质量、交货和产品执行同等重要。A级、B级生产单位为无严重违规的单位。所有新的供应商和生产单位必须能够证明他们符合企业的可持续发展标准，如果需要，他们将在开始合作之前做出改进。

（2）优选供应商，确保供应安全

在过去的五年里，C企业评估了供应商的行为准则，同时朝着理想目标，从A/B级供应商采购全数的产品量。2016～2019年，从A/B级供应商那里获得的采购量从78%下降到52%，在2020年增加到65%。2016～2020年整体下降的主要原因是，企业对社会和劳动标准的严格水平显著提高。

合作过程中，如果供应商和工厂不遵守企业的行为准则，企业将与他们合作进行改进。

（3）统一审计标准

2020年，供应商监控计划也从C企业的专利审计协议转向正在被广泛采用的全行业方法——社会和劳工融合项目（SLCP）融合评估框架（CAF）。这一步帮助行业摆脱审计疲劳，同时，改善与供应商的关系，使他们能够满足许多品牌和零售商的行为准则要求。

SLCP的采用将结束服装行业供应商所经历的全行业审计疲劳。众多个别服装品牌审计——它们没有揭示新的或有意义的见解和改进——将被一个共同的评估所取代。这将使工厂有更多时间进行改进，而不是为审计做准备。重要的是，这也为企业团队提供了更多的时间与供应商进行能力建设。一些C企业零售市场团队成员以前花时间在工厂进行审计，现在他们可以利用这些时间支持供应商提高对关键需求的认识，回答问题，使他们负责任，提供培训，并建立更牢固的关系。

3. 可持续供应链战略保障

C企业希望带来有积极影响力的时尚——持续改进我们的社会和环境表现。为了达成这个愿景，C企业要求自己在采购与供应方面积极主动地用行动支持，并遵循以下要求手册来规范产品。

- 可持续供应链产品原材料和生产过程要求手册。
- 可持续供应链安全和平等劳动的社会责任要求手册。

- 可持续供应链化学品管理要求手册。

- 产品品质要求手册。

只有同时满足了以上要求的产品才可以称为"绿色新时尚（WEAR THE CHANGE）"。

4. 协同战略助力可持续供应链深度延伸

企业的社会责任从来都不只是做好企业自己，基于社会责任的价值共创一定是未来的趋势。C 企业将可持续发展理念延伸至原材料种植环节，与棉农共同探索环保种植模式，未来还可以继续向可持续种植方向延伸。

（1）与棉农创新合作，提高有机棉产量

由于全球市场对有机棉为原料的棉织品的需求远远大于有机棉的实际产出，C 企业致力于提高有机棉农田的转换率。因此，C 企业与 C 企业基金会和康特耐公司合作在山东进行一个试点项目，以支持 300 名棉农从传统棉花转型为有机棉的种植。

2020 年，C 企业继续通过康特斯公司与中国山东省滨州农场的合作，扩大了有机棉花的规模。从传统棉花作物过渡到完全有机棉花需要三年时间，这对农民来说是一个充满挑战和风险的时期。因此，作为这个项目的一部分，C 企业承诺在这些过渡时期购买棉花。这一承诺为小型独立农民提供了市场准入、额外激励和财政保障。自从这个项目开始以来，C 企业一直支持这些农民，每年购买过渡期棉花来生产 T 恤和牛仔裤。2020 年，C 企业使用 2019 年所产的滨州棉制作了 10 万件服装。

（2）关注有机棉的生产、土地开垦以及棉农生计，体现社会责任

2020 年，Laudes 基金会、世界自然基金会（WWF）和农业推广部（AED）与巴基斯坦的小型独立农民合作开展了一项有机棉花项目，以改善他们的生计，并产生新的有机棉花来源。C 企业支持这一倡议. 承诺购买 80% 的棉花，并向参与的农民支付这一溢价。因为 C 企业购买棉花并通过 WWF 支付保险费，农民直接收到钱款，而不会损失任何收入。该项目征用了未经化学栽培的原始贫瘠土地，并在一年内变成了有机农田，绕过了已耕地向有机农田转变的标准三年过渡期。现在，880 多名获得认证的农民正在种植超过 $3 \times 10^7 m^2$（3000 公顷）的有机棉花，改善他们的生计。

为此，C 企业与农民和农场团体建立了关系，对可持续棉花种植进行培训。其间，C 企业一直是世界领先的有机棉花买家之一，体现了 C 企业对环境、工人和行业的承诺。

C 企业在以可持续理念重构和优化供应链过程中，发挥企业社会责任的引领示范作用，带动上下游企业形成完整高效、节能环保的可持续供应链，推动企业降本增效、绿色发展和产业转型升级。同时，可持续供应链的深度延伸，未来将可能成为企业发展的新动力。

（三）可持续生活战略

C 企业可持续生活战略关注的焦点在于人，包含劳工福利和工作安全问题、特殊员工群体女性权益问题、企业员工工作积极性问题等。C 企业可持续生活战略中最成功之处在于在员工中创造可持续的企业文化。

1. 提高员工参与度

C 企业希望可持续时尚的理念要从企业管理层渗透到每个员工，而且希望员工在日常工作和生活中也可以进行可持续性的实践，让员工成为可持续发展的大使。

企业通过两项活动激发员工参与公益事业，加深对企业可持续时尚理念的理解。

2015 年，C 企业发起了"鼓励女性（Inspiring Women）"活动，旨在表彰和支持服装行业背后的女性。当年全球 52% 的员工参加了该项活动，最终 C 企业基金会为 53 个慈善机构提供了超过 100 万欧元的支持。2016 年，78% 的员工参与该活动，2017 年一些国家的参与率达到了 80% 以上。2017 年活动结束后，员工对帮助妇女组织的意识显著提高，以及越来越多的员工赞同 C 企业以社会负责的方式运作。

2018 年，C 企业发起了下一个运动，激励员工分享他们的想法和故事，创造一个更美好的世界。2018 年，来自 21 个国家和 6 个采购中心的 65% 的 C 企业全球员工为 45 个慈善机构捐款，这些机构共享来自 C 企业基金会的集体捐款，使超过 25 万人受益。

2019 年，C 企业又向前迈进了一步，鼓励员工致力于"小行动大变革"，推动可持续性从想法变为行动。员工参与度很高，他们的个人贡献通过 C 企业基金会捐赠了近 100 万欧元给慈善机构，他们正在与 400 多个品牌和零售商合作，保护世界森林、物种和气候。

C 企业零售市场的员工参与度调查一直表明，员工对 C 企业对社区、社会和环境的贡献感到自豪。例如，在 2018 年的员工调查中，大部分员工赞同这一声明，"我为 C 企业对社区、社会和环境的贡献感到自豪"：巴西 91%、中国 97%、墨西哥 90%。2019 年，88% 的 C 企业中国员工强烈赞同，他们对 C 企业在可持续发展方面的行动感到自豪。

C 企业在可持续时尚发展过程中，提高员工参与度这一举措意义非凡，不仅有利于提高企业凝聚力，确保企业的可持续发展，而且让每一位员工都变成了可持续发展大使，为社会可持续做出贡献。

2. 赋予妇女权益

C 企业于 2018 年签署了《联合国妇女赋权原则》，正式确立了对性别平等、支持和赋予妇女权利的承诺。自那以后，制定了在 C 企业所在的四个零售市场中关于性别平等和妇女赋权的地方相关的路线图和行动计划，并开始在运作中实施这些计划。女性是服装行业和品牌背后的驱动力，性别平等是 C 企业文化的一个基本要素。

女性员工对 C 企业的运作至关重要，因为她们在 C 企业供应链和全球 C 企业员工中占比很高。截至 2020 年，C 企业全球所有员工中女性占了 78%。此外，全球的临时合同员工中 83% 都是女性。2020 年 8 月，C 企业的欧洲业务任命了三位高级领导层，其中两位为女性，增加了女性在 C 企业领导层方面所发挥的积极作用。

3. 重视劳工福利和工作安全问题

在可持续生活方面，经常被忽略的劳工福利事实上也是可持续发展的关键一环。

C 企业公开指责任何雇用童工的行为和供应商，并将终止与其商业关系。出于对纺织行业工作健康和安全方面的考虑，C 企业中国在 2010 年停止采购使用喷砂工艺的牛仔裤，改为采购使用其他加工工艺生产、具有相同质感的牛仔产品，如采用机械打磨方法。

（四）可持续消费——实现可持续时尚价值链闭环的关键

C 企业通过可持续产品、可持续供应、可持续生活三大战略，构成了可持续时尚价值链的主体结构，然而，可持续消费成为实现可持续时尚价值链闭环的关键。

消费者是否形成可持续消费观念，消费者是否意识到环保产品背后的意义，消费者是否愿意为环保产品买单，将是可持续时尚发展的下一个关键。

2018 年，C 企业针对全球市场的消费者进行了一场"你是否了解 Wear the Change 绿色新时尚"的调研，企业从消费者那里收集到很多反馈，促使其改善活动，将可持续时尚做到真正的本地化。

2018 年 4 月，C 企业在中国推出了首个多渠道的全球性可持续发展宣传活动"绿色新时尚"，并于 2020 年扩大宣传了环保面料系列产品，包含环保滨州棉系列、舒适棉麻系列以及生机天然棉系列。

对于原材料的严格控制和对健康环保生活的提倡正迎合了当下消费者的消费心理，他们希望退出不断消费平庸物品的死循环，特别是长期被诟病抄袭设计、质量低下的快时尚品牌。可持续消费理念在慢慢建立。

（五）小结

可持续产品、可持续供应链和可持续生活三大战略为 C 企业搭起了一个富有全局观的同时亦关注细节的可持续发展价值观。在此基础上，C 企业通过发起更本土化和多样化的营销活动和独立项目，在已有的枝干上实现枝繁叶茂。

四、C 企业可持续时尚未来规划

178 年来，C 企业一直秉承"以为社会提供积极向上的驱动力的价值为信念"的商业指导方针。C 企业的目标是不断改善对社会和环境的影响，并成为推动整个服装行业积极变革解决方案的关键部分。

C 企业基于现状，制定了"2028 可持续发展策略"，明确将围绕 100% 客户可持续消费选择、2030 年达到 30% 碳减排、增加循环设计理念这三大产品主旨目标开展相关工作。2028 可持续发展的主旨目标具体如下。

●100% 客户可持续消费选择：通过制定宣传策略，实现产品全生命周期可追溯，制定明确的产品透明度和标签框架等，实现 100% 客户能在 C 企业做更可持续消费的选择。

●2030 年达到 30% 碳减排：基于 C 企业签署的 SBTI 目标，对公司各个层面实施碳减排策略，特别是产品碳账户应用，目标是在 2030 年达到 30% 碳减排。

●增加循环设计理念：秉持创新和循环的设计原则，到 2028 年实现每 10 个产品中将有 7 个符合循环经济理念。

可持续时尚是时尚产业正在经历的一场伟大变革，走在变革前端的企业，未来必是新时尚产业的引领者。期待 C 企业的绿色新时尚！

（文章根据企业提供资料编撰）

（常静）

第三章
之禾：全产业链可持续的先行者

一、品牌理念与发展历程

（一）品牌理念

ICICLE 之禾一直秉持其环保理念，基于"天人合一"的古老思想，致力于寻求人与自然的和谐共生，品牌以对环境和制造者负责任的态度，为当代生活提供人与自然和谐共生的着装体验。对于 ICICLE 之禾而言，可持续的时装既呵护身心，也关爱环境，身、心、自然交织在天然衣装之中，人与自然合为一体，共生共息，既尊重环境，又展现当代人的优雅。"MADE IN EARTH"——万物皆有灵，一切始于自然。正如 ICICLE 之禾一直践行的：对万事万物心存敬畏，每一层工序力求对环境的尊重，与自然和谐相处，实现可持续发展。他们将"人与自然和谐相处，个人发展与社会发展的平衡"作为品牌的最高理念贯彻到企业的每一个组成部分。

ICICLE 总裁陶晓马认为，ICICLE 更多着眼于中国未来理想生活方式的打造，在她看来，"只有当个人发展与自然、社会发展达到平衡时，才是一个理想的生活方式，而 ICICLE 正是为了这样一种生活方式的需求去提供一个良好的解决方案。"ICICLE 之禾品牌 CEO 叶寿增也坦言，ICICLE 之禾是"面对中国未来""高于现在"的品牌，"时尚是一段时间内人们崇尚的东西，而非一味地追赶时髦。我们相信，高端和优质才是人们未来应该享受的生活方式，ICICLE 之禾要为中国人的未来生活制造最好的东西。"

（二）发展历程

1997 年，ICICLE 之禾品牌创立，作为环保时装的先行者，ICICLE 之禾创立于上海，旨在为现代职场女性提供舒适自然的着装体验。2006 年，之禾集团在上海市郊拥有第一家自有工厂。2010 年将工厂迁至上海松江区。2011 年推出首个男装系列，为男士提供富于文化气息的通勤便服，采用经典意大利工艺制造，更加轻松、友好、自然。2013 年，之禾巴黎公司建立，为之禾引进国际一流水准的行业专家和创意人才，作为集团总部的国际平台，之禾巴黎为海外各专业部门发展提供依托，同年，之禾集团收购位于江苏省海门市的第二家工厂。2014 年推出高端巴黎系列，该系列以高级时装的创作力和精湛技艺，呈现人与自然和谐共生的生活理念。2016 年，之禾收购了位于上海闵行的第三家工厂，原工厂由日本世界集团（World Group）于 1993 年建立。2016 年开设上海之禾空间，基于品牌环保理念，之禾空间里融合了时装店、客户服务中心、书店、艺术画廊和 Silex 餐厅，为消费者提供集时尚、美食、文化、艺术、活动为一体的全新体验。2017 年，之禾在南京开设了第一家旗舰店，店内还设置了南京首家之禾空间 ICICLE SPACE，全方位地展示了 ICICLE 之禾所倡导的"人与自然和谐共生"的当代生活方式，空间融合了书店、咖啡厅、活动空间及提供现场量体改衣的客服中心等多重功能，并配有一间步入式酒窖，目的是为 ICICLE 之禾顾客提供集时尚、饮食、艺术、文化于一体的全新升级体验。此外，ICICLE 还精心设置了一系列"时装与生活"的互动活动，并邀请了陶瓷艺术家与大家一同分享他的创作心得。2018 年，之禾巴黎零售中心的开业标志着 ICICLE 国际拓展业务的正式启动，同年，之禾在北京东方广场和上海世茂广场开设两家全新旗舰店，并收购巴黎老牌时装屋 Carven，助其在法国、中国和其他国际市场重振，同时推动其品牌活动和系列的重新部署。2019 年，之禾开设全球旗舰店，这是一栋建于 19 世纪的优雅建筑，毗邻巴黎香榭丽舍大街和蒙田大道，位于巴黎时装业金三角中心，之禾的新空间旨在构建东西方时尚、文化与设计之间的对话。目前，之禾集团旗下拥有 ICICLE 之禾、SILEX 等品牌，是一家拥有设计、制造、物流、零售及特许经营的全业务链时装企业，在中国拥有 270 家门店，2020 年销售总额达到 2.17 亿欧元（约合人民币 16.6 亿元）。

二、可持续发展战略

（一）选用可持续原材料

ICICLE 之禾选择羊绒、羊毛、亚麻、真丝和棉等天然纤维作为其核心材料。品牌对原材料的选择非常苛刻，如所选用的环保种植棉，要求种植地方圆 200 平方千米范围内无工业污染，土壤 3 年以上未施化学试剂，培育过程不使用任何化学试剂，选用的有机羊毛，则要求提供有机羊毛的羊群在自然环境中自由放养。

ICICLE 之禾在全世界范围内寻找高品质的可持续材料，无论是产自阿富汗和内蒙古的羊绒、比利时的亚麻、意大利的羊毛、中国的真丝还是产自日本的环保种植棉，这些面料都必须符合 ICICLE 之禾严格的标准。品牌对原料供应商有极高的要求，这些供应商必须符合提供世界级优异品质的天然面料、具备良好的产品开发能力、符合严格的环保标准、直属的生产企业、有良好的自律性、能够通过 ICICLE 之禾的周期性评估等要求，必须拥有 OEKO-TEX 标准认证，瑞士 Bluesign 环保认证，ISO 14000 系列标准等环保资质。ICICLE 之禾和供应商初步确定合作关系后，之禾团队会去一线实地考察，并且每年两次对供应商的合作以及产品质量开展评估，每三年一次进行供应商资质评估，以确保供应商所提供的产品为高品质可持续，设计师也只会从寻购业务部指定的供应商所提供的产品中进行选择，以保证产品的品质和独特性。ICICLE 之禾还会与供应商一同研发新型环保材料，如 Optim™ 面料则是品牌与供应商共同研发的独家专利产品，由羊毛与真丝精纺而成。ICICLE 之禾所追求的"天人合一"的思想以及人与自然和谐共生的理念，不仅通过选用高品质可持续原材料作为面料来实现，从 2006 年开始，ICICLE 之禾生产的衣服逐渐用有机棉布作为内衬。同时，ICICLE 之禾对其辅料的选择也追求可持续，绝大多数纽扣使用天然牛角扣、贝壳扣、椰壳扣或金属扣，其他辅料也多采用天然材质。

除了使用天然纤维，ICICLE 之禾还使用其他可回收材料进行产品开发。2021 年春夏，ICICLE 之禾首度携手法国环保运动鞋履品牌 VEJA，共同推出 VEJA X ICICLE 胶囊系列。VEJA 的 Campo 于 2019 年首次亮相，其由 ChromeFree® 皮革、可回收聚酯衬里和亚马逊橡胶鞋底制成，Nova 鞋款则以黄麻、可回收棉花和聚酯面料覆盖表面，亚马逊橡胶为底，是亚麻和原色麻等材料的自然延伸。

（二）原色材料产品开发

ICICLE 之禾的产品可持续还体现在染色阶段，由于面料染色阶段对环境的影响较大，因此，之禾一开始就提倡原色。ICICLE 之禾的原色面料系列产品，涵盖棉、麻、真丝、羊毛、羊绒材料，完全不经染色和漂白处理，没有化学试剂和高温的破坏，纤维保留了自然的状态，原色产品对环境的污染最小，但对原料的品质要求和分拣要求最高。2005 年，ICICLE 之禾开始使用标志性的不染色的白坯棉布做内衬；2007 年春夏，开发了第一件原色棉衬衫；2010 年，材料改为不染色有机棉；2012 年秋冬，开发了第一件原色羊毛双面呢大衣，里外羊毛天然具有深浅不同的颜色；2016 年开始推出高科技的原色无缝针织衫系列。

原色材料本身会有非常丰富的色彩，例如来自内蒙古和阿富汗的精细羊绒，经手工梳理，根据其天然毛色分类，呈现玉白到陶土般的丰富色彩，不经过化学沤麻染色加工的亚麻，因为采收当年的气温高低而呈现出不同深浅的麻色。品牌围绕制作历史久远的原色面料进行了大量的款式开发与创作，通过原色混纺的方式，使其原色产品展现出丰富的色彩与图案，一系列工艺在提供了全新色彩和图案的同时，保留了天然材料的柔软质感和光泽。不仅节省了水和能源，也最大限度地减少了对原材料的浪费。ICICLE 之禾"自然之道"胶囊系列于 2019 年秋冬首次亮相，以实验性系列探寻对环境友好的制衣方法。如图 3-1 所示，2020 秋冬，ICICLE 之禾创意总监通过将不经染色的原色牦牛绒、驼绒、美丽奴羊毛和山羊绒混纺，在大自然的调色板上探索各种可能，他提出："我们的想法是搜集不经染色的原料，利用纤维的天然色彩，并把它们混合以创造出新的天然色——这就是我们自己的色彩学。"

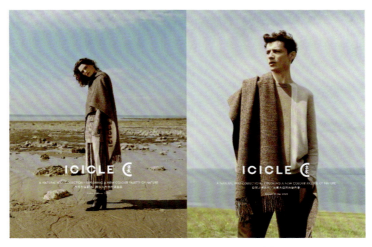

图 3-1　ICICLE 之禾 2020 秋冬 · 自然之道

（三）研发选用环保工艺

1. 植物染

ICICLE 之禾在对面料公司的走访中发现，即使是优秀的面料公司，也是先产生染色的废水，然后最大限度地进行回收处理和再利用，ICICLE 之禾认为如果从源头上减少化工染料的使用，对于环境保护将更具意义。因此，ICICLE 之禾开始了寻找天然染料之路，走访了意大利、日本等国家，寻求植物染的优秀面料公司。2014 年，ICICLE 之禾有了植物染系列，植物染产品采用由蓝草、洋苏木、胡桃木、杉木、洋葱、石榴皮、普洱茶叶等天然植物色剂染色。

蓝印花布也是 ICICLE 之禾倾力开发的项目，蓝印花布项目是对中国传统工艺的传承与创新，ICICLE 之禾从 2014 年开始蓝印花布项目，为了全方位了解蓝印花布，之禾团队先后拜访了博物馆、大学的研究室以及蓝印花布厂。国际的花色开发团队也在寻找传统工艺技术和现代审美的结合与平衡点，从 2014 年开始，之禾有了全新的蓝印花布产品线，这是之禾对中国传统文化进行传承与延续的新起点，图 3-2 为 ICICLE 之禾的植物染和蓝印花布产品。

图 3-2　ICICLE 之禾植物染和蓝印花布产品

2. 植鞣革

ICICLE 之禾在皮革的鞣制过程中也考虑对环保的影响，该品牌植鞣革系列的配饰，选用了栗子、松柏等植物制作的纯天然鞣剂进行手工鞣制，从而避免了使用重金属鞣制过程中对环境产生的伤害。

3. 环保牛仔

传统牛仔的生产过程会对环境带来很大的影响，ICICLE 之禾推出环保牛仔系列，选择环保染色、"零洗水"科技与原色牛仔，重视节能，保护水源，在环保与时尚之间找到平衡与共生。在牛仔面料的选择上，使用经过瑞士良好棉花发展协会（Better Cotton Initiative，简称 BCI）认证的 BCI 棉花，其种植过程强调保护水源，重视土壤保护及棉农的权益和健康，部分面料使月环保种植棉或回收纱线制成；染料只使用预还原靛蓝染料，该染料更加环保，可以节约生产过程中 52%~63% 的氢氧化钠和亚硫酸钠；在环保后整理中，采用 "Shaper Finish.ng" 纯机械后整理，零耗水，采用臭氧整理工艺，改进面料摩擦与做旧风格，整个过程只需少量用水，更有利于激光等无水洗涤工艺，减少耗能。2020 年 4 月，ICICLE 之禾与全世界 16 个品牌共同加入牛仔裤再造指南，ICICLE 之禾成为该指南首批亚洲品牌之一，牛仔裤再造指南是来自专注于促进循环经济发展的慈善机构艾伦·麦克阿瑟基金会（英国）的"循环时尚"倡议，要求基于循环经济原则，旨在确保延长牛仔裤的使用寿命，使其更易于循环再生，并以更有利于环境和服装工人健康的方式进行制造。

4. 无缝针织

ICICLE 之禾采用无缝针织的现代技术，使用全成型针织技术，一根纱线就可以织出整件衣衫，免去织片的拼接。先进的无缝针织技术节省了人力、资源与宝贵的原材料消耗，是更加环保的织造方法，同时，没有缝线，触感更加亲肤、持久舒适。

（四）延长服装生命周期的设计和服务

ICICLE 之禾在设计中考虑如何延长服装的生命周期，使其减少废弃服装对环境的污染。ICICLE 之禾的大部分衣服保留了服装的最基础的设计，不过分添加细节，这样的衣服可以经年穿着，不受潮流的影响。反过剩设计，不做浪费用料的设计，不做潮流设计，不做缺乏使用场合的设计。耐看耐用的产品精心设计，加以精工细作，使产品经得起长时间的审美和多次使用，而不是即穿即弃。同时，ICICLE 之禾通过提供修补甚至补色的服务，以此延长服装的生命周期。

（五）利用余料进行设计

2019 年，ICICLE 之禾首次发布"自然就好玩"限量合作环保系列，秉承惜物之心，跨界联手北京人气生活方式买手店好白商店主理人、室内设计师林宜芳，以物尽其用、物尽其趣为出发点，设计充满童趣且兼具优雅与实用性的限量商品，最大限度地利用优质天然面料，以惜物精神实践可持续的环保理想。"自然就好玩"限量合作环保系列将品牌成衣制作的原料如原色羊绒、原色亚麻、环保种植棉、植物染亚麻、真丝及蓝印花布等进行重新利用，赋予余料新的生命。2021 年"自然就好玩"系列，再度携手设计师林宜芳，精选高品质天然面料余料，以濒危物"长鼻猴""鲸头鹳"和"赛加羚羊"为原型制作实用性配饰。

（六）文化传承与创新

本土文化的传承与创新也是可持续发展要素之一，ICICLE 之禾通过其产品、工艺等方面，进行着文化的传承与创新。如 ICICLE 之禾设计的榫卯印花丝巾，其灵感取材中式建筑，以撞色手法呈现几何造型，品牌也曾研究中国传统的手工夹袄绗缝的制作方法，正反两面面料贴合在一起，用全手工的方法进行绗缝，外观不留针迹，在板型的处理上也尽量接近中国传统板式服装的特点。ICICLE 之禾也曾与当代水墨画家何兮跨界合作，如图 3-3 所示，通过图案呈现中国文化的丰富内涵。

图 3-3 ICICLE 之禾与何兮的跨界系列

（七）可持续理念的推广

ICICLE 之禾"天人合一"的思想不仅通过产品来实现，还通过实体店铺空间、广告大片、纪录片等方式得以展现。

ICICLE 之禾的店铺和办公室均采用自然材料，如二手木料、水磨石、白坯布和抛光水泥等。ICICLE 之禾对于店铺装修的材料有非常严格的要求，材料选用天然的石材、木材，并且尽量不要用油漆、胶水、胶合板等化学材料。之禾空间通过之禾全系列产品、之禾画廊、SILEX 打火石餐厅、活动空间、之禾书店等将天人合一、舒适、环保、通勤的品牌理念综合呈现出来。

ICICLE 之禾采用"Earthman"形象来表达品牌的天人合一理念，Earthman 中各种人物角色的命名都可以在古老的欧洲乡村文明中找到根源，如 2016 年的 Earthman 原型为 KUKURI，来自保加利亚，源自公元前 1600 年的希腊神话，2017 年的 MUMMER，来自北爱尔兰等，Earthman 象征着品牌对于大自然的看法和感受，是一种对大自然和人类的关怀，表达出 ICICLE 是一个"带有人文关怀的时尚品牌"，如图 3-4 所示。在广告大片中，ICICLE 也展现出其对人与自然和谐共生的美好愿望。

图 3-4　ICICLE 的 Earthman 与广告大片

三、制造为核心发展战略

（一）自主生产

在叶寿增看来，制造对中国服装企业尤为重要，失去了制造话语权的品牌会走向没落，只有实现价值链各环节的平衡，才能让品牌和制造真正在这块土地上扎下根，而这样的竞争力一旦构成，是很难被模仿、被替代的。制造，这是服装企业的核心竞争力，长期以来，制造的价值被低估，这是不可持续的，ICICLE 之禾要做的就是重塑微笑曲线，提高制造竞争力，把设计和渠道利润拿出来反哺制造，改善工厂环境，缩短工时，提高职工待遇，让工人更有信心，有动力做好衣服。

ICICLE 之禾拥有非常强大的自有工厂，松江工厂在制作服装的工艺和技术上在业内享有一流口碑；南通之禾时装有限公司的前身为海门凯捷公司，凯捷是中国著名的高端制衣公司，也是 MaxMara 双面呢大衣全球最重要的制造商之一，具有非常丰富的制衣经验和精湛的工艺，现在是 ICICLE 高端产品的生产基地；日本世界集团在华工厂，曾经隶属于世界联合服装有限公司，在针织领域尤其无缝技术非常专业，能够解决 ICICLE 未来的更多制造产能。

（二）精细制造

ICICLE 之禾对于生产工艺的要求非常高，以保证其高品质的追求。如之禾的核心产品双面呢大衣，由经验丰富的工匠们小心翼翼地剖开衣片边缘，为避免损伤优质的面料，需细心割断每一根连接双层布料的纱线；在拼缝前，在双面呢大衣的接缝中嵌入一条欧根纱，这一技艺经常用于高级时装中，能够让柔软的羊绒大衣在穿着的数年中很好地保形；缝线要打蜡，为每根线裹上一层保护膜，这不仅能让缝线更加牢固顺滑，而且能够防止静电等。

有机棉里布作为内衬也对工艺提出了非常高的要求，因为有机棉表面不如化学纤维面料光滑，还有一定的硬度，所以和各种不同硬度的面料搭配使用会不容易兼容。为了解决表里面料不匹配的问题，工艺团队使用了大量的滚边工艺，里布和滚条都使用有机棉，在款式设计、结构设计、面里缩率匹配度允许的情况下，把面料固定在一起，然后滚边，这样两面看起来就像一块布，在穿脱的时候也不会把里布带出来。但是滚边是极其精细而且充满不确定性的过程，有时候把衣服每个部分拼起来挂模特身上一看，发现有些褶皱怎么也烫不平，只能拆开重新做。每次使用有机棉和不同面料搭配，工艺团队都要重新调机器，再一遍遍尝试。

2014 年，ICICLE 之禾创立了巴黎线，巴黎线设计上有许多细腻而且丰富的细节，并且大量使用真丝，连衣服的里衬都是真丝，这对制作和工艺都是极大的考验，至今为止，一件巴黎线的衣服仍旧需要 3 人同时做，并且依旧要在模特上套十几遍，衣角袖口都要一丝一毫地修整，有时衣服在模特身上套几十遍都不一定令人满意，一遍遍做了拆，拆了再做，巴黎线也因此得到了一个"巴黎十三拆"的诨名。

（三）人才培育与关怀

ICICLE 之禾注重工艺人才的吸纳与培育，之禾邀请了非常有经验的板师加入其中，这些优秀的人才将其宝贵的经验传授给年轻一代，成为之禾宝贵的财富。2016 年，苏莱曼（Suleyman）从巴黎来到上海，担任 ICICLE 之禾巴黎线技术总监，他曾在 Christian Dior 担任高级板师长达 13 年，带领 10 人团队，每年为两季的新品开发样衣与产品版型，他为 ICICLE 之禾建立了一整套严谨的制板流程，以及套装类技术板房，并将自己的丰富经验和技术毫无保留地传授给年轻的工艺师们。

品牌还非常注重人员关怀，通过工厂的升级改善工人们的工作环境，也因为 ICICLE 为全产业链企业，可以将利润进行自主分配，让工厂得到的利润份额提高，改善工人的生活，同时以合理的工作时长等方式给予工人更多的关怀。

四、国际化发展战略

（一）国际化发展过程

集团创始人叶寿增从一开始就希望将之禾打造成一个国际化品牌，最近几年，之禾也一直在国际化道路上前进。2013～2018 年，之禾集团通过地产投资、老建筑修缮、注册公司和人才招募等一系列动作，在法国巴黎设置海外中心，正式启动之禾集团的国际业务。

2013 年，之禾集团购买了一栋处在法国巴黎雷蒙·庞加莱（Raymond Poincare）大道，距离埃菲尔铁塔和凯旋门很近的建于 1920 年的奥斯曼建筑，经过修复改造，之禾集团在此处开设 ICICLE 之禾巴黎公司和之禾巴黎设计中心，作为总部的国际平台来引进国际一流行业专家及创意人才；2017 年入驻巴黎八区乔治五世大街的独栋官邸；2018 年之禾集团通过旗下的法国公司 ICICLE PARIS MODE 收购了法国高级时装品牌 Carven；2019 年，ICICLE 品牌首家海外旗舰店在巴黎乔治五世大街开业，这是 ICICLE 之禾在国外的第一家旗舰店。

（二）国际化发展思路

叶寿增希望用全球的人才和资源为顾客提供最优质的产品，"ICICLE 之禾希望用全球的人才和资源，为顾客创造出具有东方哲学的'人和自然和谐、平衡的生活方式'，为消费者提供未来理想生活的全方位的解决方案。"而在 ICICLE 之禾总裁陶晓马看来，"在今后的 20 年，中国将是一个有着巨大潜力的消费市场。但这个市场是如此巨大，任何一个国家的团队，包括中国本土企业都无法单凭一己之力来赢得这个市场。为提供一个满足未来市场需求的高质量解决方案，我们必须尽最大努力挖掘世界每一个角落的人才，把他们整合成一个配合默契的国际精英团队。只有这样，我们才能把握住发展的机会。"

与其他进军国际的中国品牌不同，ICICLE 之禾采取"法国设计 + 中国市场"的合作方式，国际同行普遍认为，这种创造性的"法国设计 + 中国市场"协作方式，将为中、法双方带来双赢。叶寿增说，"中国市场广阔，尤其是环保时装的潜力还未被释放，中国企业与其苦苦冲向国际，不如整合国际的先进技术和人才，做好自己的市场。"ICICLE 之禾首次尝试以国际化团队、公司化运作的模式构建在巴黎的分公司，它并没有选择与当地知名的服装设计工作室合作，而是在巴黎建立了完全属于自己的研发设计中心。ICICLE 巴黎公司有两个团队，分别负责服装设计开发与市场推广。

通过打造上海、巴黎"双中心"模式，之禾将部分女装、配饰产品线移至巴黎，同时吸引海外人才加入，并通过立足国内掌握供应链的主动，开拓海外设计、研发、市场等资源，不断提升品牌综合能力。为了真正实现"双中心"模式，之禾在法国同样设立了工作室、建筑团队、品牌和传播团队等。这些团队在巴黎和上海平行开展工作，双方的工作内容整合之后形成从品牌形象、创意、产品等各方面的完整输出。ICICLE 之禾的高端线就由巴黎团队来确定概念和完成设计，并由中国的工厂完成创意落地。这套法国创意与中国制造打配合的模式很快被证明是有效的。

（三）国际化发展方向

未来，ICICLE 之禾会在国际市场上进一步发力，将产品推向国际市场。随着企业的发展，ICICLE 之禾渐渐着眼于品牌的国际化提升。"我们希望 ICICLE 之禾能成为中国有代表性的本土品牌，未来能面向全球去发展自己。"ICICLE 之禾 CEO 叶寿增表示，组建巴黎公司是 ICICLE 之禾迈出的第一步。"这是我们打造的第一个国际化团队，在这个团队顺利运行之后，我们会将其设计开发的产品先在中国市场上推出，销售一段时间运营成熟后再推向国际。如此一来，我们不仅已具备一个国际化的团队，同时，还有市场运营成熟的产品，这样再想走向国际就变得是顺理成章、水到渠成的事了。"ICICLE 之禾的第二家巴黎精品店于 2022 年正式揭幕。据悉，该精品店坐落于塞纳河右岸，选址巴黎核心地段，于福宝 - 圣奥诺雷大街 50 号。

ICICLE 之禾未来还着眼于在法国复制中国市场的全渠道模式。ICICLE 之禾目前正在筹建位于法国和欧洲的电商团队。同时，品牌也在争取进驻巴黎著名百货公司。一旦法国也完善了线上线下全渠道模式，ICICLE 之禾则更容易向更广泛的国际市场扩张。

除了法国市场，ICICLE 之禾还将目光放远至其他国外市场。日本可能是继法国之后 ICICLE 之禾将很快进入的第二个海外市场。初期，之禾将尝试在日本的知名百货公司开设小型店铺以测试市场水温，陶晓马透露，ICICLE 已经收到了来自日本百货公司的招商邀请，而 ICICLE 推崇的"天人合一"等价值理念也更易于为日本消费者所接受。

五、未来发展

ICICLE 之禾未来还有很大的发展空间。首先是如何把握更加年轻和时尚的消费人群，如何在时尚与可持续发展之间寻求平衡，满足更多不同年龄、性格、生活方式的人群。目前 ICICEL 之禾也在年轻化方面发力，携手 SAMUEL Guì YANG 共同推出 2021 秋冬 ICICLE x SAMUEL Guì YANG 联名合作系列，塑造更加年轻化的品牌形象，未来如何从其产品风格、产品品类、产品设计等方面变得更加年轻和多元，如何丰富产品线以满足不同人群的需求是拥有环保理念的各类人群所期待的。其次，ICICLE 之禾未来在可持续手段和方式上还有很多可拓展的空间，目前品牌在天然材料的选用与开发、可持续工艺等方面取得了很丰富的成果，未来可以丰富更多的可持续发展手段，在可持续原材料的开发与使用、可持续设计、可持续消费方式的引导等方面探索更多的可能性。再次，ICICLE 之禾在电商领域只进驻了天猫，在社交媒体上与消费者的互动表现不够活跃，直播、纪录片等的浏览量也不尽如人意，未来还有很大的提升空间。

（江影）

本章参考文献

［1］洪晃 . 之禾的秘密［M］. 上海：东华大学出版社，2017.

［2］之禾官网 . https://www.icicle.com.cn/.

［3］华丽志官网 . https://luxe.co/.

［4］罗欣桐 . ICICLE 之禾落户巴黎引关注可持续时装品牌的法国之旅［J］. 纺织服装周刊品牌，2014，7：68-69.

［5］雯萱 . 慢行渐远［J］. 中国服饰，2020，4：32-33.

第四章
李宁：借力"国潮"，实现品牌活化

2018 年被称为"国潮元年"，在我国诸多行业领域引起重视。2018 年初，李宁集团带领"中国李宁"品牌首登纽约时装周，将潮流文化与传统文化叠加，成功实现品牌转型，进而在时尚领域掀起"国潮"新风尚。李宁集团从此也借由这股"国潮风"得到越来越多年轻消费者的认可，令自己的老品牌焕发出新活力，营业收入自 2018 财年首破百亿大关后，仅用了三年时间，2021 财年突破两百亿。

借助"国潮风"的多数企业都呈现明显经营增长情况，这除了与我国整体经济实力增强、人民的民族自信和文化自信增长而形成的企业经营状况普遍良好外，还与企业凸显自有品牌"国潮"特色的经营策略有关。

本章从"国潮"特色的视角分析李宁集团当前主要经营策略的主要内容，介绍李宁集团借力"国潮"、实现品牌活化的主要过程。

一、国潮风的出现与李宁的成功转型

（一）国潮风的出现

"国潮"从字面上看，就是"中国 + 潮流"，其中的潮流指流行趋势。一般提到的"国潮"，特指近几年加入中国特有文化元素的潮流文化或潮牌文化，也可泛化为中国品牌、中国文化等。

近几年国潮的兴起，可以说是在我国从国家层面提出进行高质量发展、提升我国民族产业的国际竞争力的大背景下，消费市场自发形成的一种潮流。2016 年，国家出台《关于发挥品牌引领作用推动供需结构升级的意见》；2017 年，国务院将 5 月 10 日确定为"中国品牌日"，形成对于中国自有品牌建设的国家层面政策引领。2018 年 2 月，李宁品牌以"悟道"为主题参加纽约时装周；5 月，天猫发起"国潮行动"；随后百度、苏宁等主流电商纷纷开展"国潮节"等促销活动，从而形成时尚领域消费的"国潮风"。

因此，一般将 2018 年称为"国潮元年"。根据《百度 2021 国潮骄傲搜索大数据》统计，过去十年间"国潮"的关注度上涨了五倍；据 21 世纪经济研究院发布的《2021 新一线城市 Z 世代青年消费趋势报告》显示，近一半受访的"95 后"更偏爱国潮联名，国潮消费遍及服装、餐饮、旅游、娱乐等诸多领域。

（二）李宁转型概况

李宁集团为中国领先的体育品牌企业之一，以经营李宁品牌专业及休闲运动鞋、服装、器材和配件产品为主，总部位于北京，拥有品牌营销、研发、设计、制造、经销及零售能力。除核心品牌李宁外，还拥有红双喜乒乓球产品、艾高（AIGLE）户外运动用品、Danskin 舞蹈和瑜伽时尚健身产品及凯胜（Kason）羽毛球产品等品牌，坚持"单品牌、多品类、多渠道"的发展战略。

自 1990 年创建以来，由于有国家级优秀运动员的背书，李宁品牌一度成为国内最受欢迎的运动服装品牌，2004 年于香港成功上市，2008 年北京奥运会带来的全民运动热潮更推动企业迅速发展。但自 2010 年起，受多种因素影响，其营业收入自峰值的接近百亿跌至五十亿，甚至出现巨额亏损，以及更换主帅、更换品牌口号等，逐渐被国内外竞争对手赶超。

自 2014 年底，创始人李宁回归李宁集团以来，该企业一直寻求各种方式提高经营效率，例如加大童装品类投入、改造物流供应系统、增加产品智能功能、进行海外品牌并购等，但收效甚微，直到 2018 年开始推出"国潮"特色的设计产品，才真正实现成功转型。2014～2017 年，李宁品牌运动休闲品类的年复合增长率为 −3%，而 2018 财年，李宁品牌运动时尚品类零售额实现了 42% 的增长，营收超百亿。2021 年，集团收入增长 56%，净利率由 2020 年的 11.7% 提升至 17.8%，经营活动现金流 65.25 亿元人民币，同比增加 136%。其发展历程参见表 4-1。

表 4-1　李宁集团发展阶段

发展阶段	年份	事项
初创成长期（1990～2000 年）：迅速进入运动品消费市场，并获得市场认可；建立分销系统及设计开发中心	1990 年	创建公司

发展阶段	年份	事项
初创成长期（1990~2000年）：迅速进入运动品消费市场，并获得市场认可；建立分销系统及设计开发中心	1992年	被选为第25届巴塞罗那奥运会中国代表团指定服装，结束了中国运动员在奥运会上使用外国体育用品的历史
	1993年	率先在全国建立特许专卖营销体系
	1997年	在全国建立起自营分销网络
	1999年	引进服装与鞋业解决方案（AFS），成为中国第一家实施企业管理系统（ERP）的体育用品企业
高速增长期（2001~2010年）：获得国内外认可，成功上市；进行渠道信息化管理，成立品牌设计公司等	2002年	确立全新品牌定位：李宁，一切皆有可能
	2003年	全面启动渠道管理信息系统
	2004年	在香港上市，第一家内地体育用品公司在香港上市
	2004年	成立李宁体育科技发展（香港）有限公司，负责设计李宁牌服装产品
	2008年	创始人李宁在2008北京奥运会开幕式上点燃主火炬
	2009年	签约中国国家羽毛球队，至此，已与中国乒乓球队、中国体操队、中国射击队、中国跳水队五支国家队签约
转型停滞期（2011~2014年）：进行品牌重塑和商业模式转型，市场接受程度不高，2012~2014年连续3年亏损	2013年	荆门李宁物流园的李宁体育展览馆开馆
	2014年	创始人李宁回归企业经营管理层
调整恢复期（2015~2017年）：创始人回归，企业开始扭亏为盈；明确品牌口号，改造线下渠道、拓展线上渠道、开发多种品类、提升智能属性	2015年	与华米科技推出智能跑鞋，为消费者提供多元化的跑步体验，开启李宁品牌进军"互联网+运动生活体验"领域的新时代 重启品牌口号"一切皆有可能"，从传统装备提供商转型为"互联网+运动生活服务提供商"

发展阶段	年份	事项
调整恢复期（2015～2017年）：创始人回归，企业开始扭亏为盈；明确品牌口号，改造线下渠道、拓展线上渠道、开发多种品类、提升智能属性	2016年	"双十一"期间，李宁天猫旗舰店创造单日单店销售1.78亿的新纪录，同时，继续保持国内运动行业旗舰店销售第一的好成绩
	2016年	与艾康尼斯公司达成合作独家经营女性时尚健身运动品牌Danskin在中国内地及澳门地区的业务
	2017年	李宁YOUNG品牌重塑推出，针对中国青少年人群提供运动装备
	2017年	李宁王府井丹耀大厦店重新改造，成为李宁品牌首家"运动时尚形象店"
国潮收获期（2018年至今）：定位于"国潮"特色，加强技术创新，并进行产业链战略布局	2018年2月	参加纽约时装周，成为该时装周首个亮相的中国运动品牌
	2018年6月	初战巴黎时装周
	2019年2月	以"行"为主题再次登上纽约时装周，同时开启"即秀即买"模式，引发纽约当地消费者的"排队热潮"
	2019年2月	发布最新自主创新缓震科技——"李宁䨻"轻弹科技平台，兼具"高效回弹"与"轻量化"的两大特性
	2019年5月	李宁集团—广西供应基地启动仪式在广西南宁举行，项目定位于包括原材料、运动鞋、运动服装等研发制造集群化供应基地
	2020年8月	发布"李宁弜"减震回弹科技系统
	2020年11月	"双十一"期间，天猫李宁官方旗舰店成交额突破7.7亿元，位列运动行业国产品牌单店第一
	2020年12月	深圳李宁中心成立
	2021年6月	东盟李宁中心成立，将建立智能制造工业生态体系
	2021年7月	荆门李宁中心成立，提供智能拣配物流服务
	2021年8月	上海李宁中心总部成立

二、国潮的定位：市场细分与跨界联名

（一）国潮的市场细分

自确定了国潮风作为品牌特色，李宁集团对旗下品牌进行了明确的市场细分。品牌"中国李宁"增加更多设计元素，体现国潮风特色，定位于中高端市场，价格较高；品牌"李宁"则面向大众市场，以实用为产品卖点，价格适中。

这样的分品牌定位能较好适应当前市场出现的消费分级新特征。定位于中高端市场的子品牌，通过凸显产品的时尚化和中国元素，从设计上吸引消费者。例如，2021年11月，李宁品牌推出高级运动时尚品牌LI-NING1990，定价较高，但因其独特的设计，依然受到消费者认可。而李宁品牌自创办以来就在大众时尚市场具有良好口碑，也通过亲民定价的子品牌继续留住了原有客户。

经过这样的市场细分，李宁品牌对开发的新产品会视情况添加国潮元素。例如，2022年北京冬奥会期间，李宁品牌推出运动滑雪产品，使用具有防风防水且透气的GORE-TEX专业面料，满足滑雪运动的极端环境中服饰功能需求，同时，融入滑雪发源地新疆阿勒泰地区独有的天山雪莲、民族印花等设计元素，凸显中国文化特色。

（二）国潮的跨界联名

由于时尚设计领域的快速更迭，国潮风的设计需要不断注入大量新鲜元素，才能赢得消费者。李宁品牌就多次采用跨界联名的方式，实现其国潮风的独特设计。

例如，李宁品牌与迪士尼IP联名，结合不同主题推出联名产品；2018年国庆期间，与XLARGE、OG SLICK等潮牌联名合作，在北京三里屯快闪店推出限量发售活动；还与红旗汽车、人民日报等不同领域的品牌合作。2019年，李宁品牌YOUNG与长隆集团合作，利用长隆集团独有的熊猫三胞胎、吉祥虎家族等IP形象，推出儿童、亲子运动休闲服饰。2020年，新冠肺炎疫情出现后，李宁品牌在微博发起"宅家行动π"活动，与微博健身KOL合作推广居家健身运动。2020年12月，李宁品牌联手艺术家空山基，推出"运动的艺术"联名系列产品，将具有金属质感的科幻美学与中国的灵芝、如意等传统花纹相结合，体现了不同文化元素的融合。

三、国潮的基础：技术创新、市场推广与社会责任

（一）国潮的技术创新

国潮的中国文化元素，可为产品外观提供更多的独特设计，但对于运动服饰而言，体现产品的功能性和专业性的创新技术，依然是消费者购买行为的重要影响因素，也是企业不易被模仿的核心竞争力。李宁集团相关负责人曾提道："公司设有科技创新中心。该中心主要对新技术、新材料、新工艺的应用等内容进行集成研究，配合结构工程设计，以满足不同人群对功能性服装、鞋、配件等运动产品的需求。为真正实现商品化，李宁公司通过对新产品、新材料进行全面且有针对性的测试、创新及应用研究，最终形成上市商品。"

李宁品牌的技术研发，分别针对专业运动员的专业性需求、运动爱好者的功能性需求以及普通消费者的时尚性需求，不同系列产品采用不同技术。例如，针对夏季，开发的 AT DRY 科技平台服装系列采用新型云母凉感纤维、玉石凉感纤维；针对运动后除汗味需求的跑步、训练等服装，添加除臭氨纶成分，带来清爽舒适感；针对冬季保暖需求，使用具有远红外保暖的石墨烯面料。还有一些满足特定应用环境的技术。例如，2016 年里约奥运会期间，中国国家乒乓球队的队服是李宁品牌开发的 Cool Max 面料，具有迅速排汗后保持干爽的独特功能。2022 年，新推出的滑雪系列服装滑雪品类 LI-NING SNOWBOARDING，不但面料具有多功能性，同时内嵌 RECCO 救援芯片反射器，用于雪崩受难者定位，提高户外滑雪或攀岩运动者的安全性。

虽然李宁品牌的研发投入规模逐渐增加，但所占营收比重与全球运动服饰的领头企业相比依然存在差距，有待进一步提高。其研发投入占营收比例从 2020 年的 2.2% 下滑至 2021 年的 1.8%。

（二）国潮的市场实现

李宁品牌的成功转型，还与其数字化改造销售渠道、面向目标群体的市场推广等市场实现措施密切相关。

首先是对供应链的改造。早在 2016 年，李宁集团就与京东签署战略合作协议，由京东为李宁集团提供仓储及物流供应保障。李宁集团对于产品设计及供货要求，体现国际快时尚品牌的标准。产品上新周期缩至一个月，而"中国李宁"品牌更是缩至两周。不断拓展全球销售网络，入驻连卡佛等知名零售商，同时进驻高端买手店及精选球鞋店等。

其次是扩大线上销售。李宁品牌在淘宝、天猫均有店铺，在抖音、小红书有官方直播账号，后建立微信小程序商城，全面铺开线上销售渠道。2015 年，李宁品牌天猫官方旗舰店销售额达到 12.5 亿元，"双十一"当天交易额超 2 亿元，居国内运动品牌销售额榜首。2016 年，李宁品牌全年电商收入同比上升约 90%，占品牌总收入的 14.3%，而 2017 年这一占比已增长为 19%。2018 年，李宁品牌开设小程序商城，继续加码线上业务。2021 年，利用电商节日、新品发售、时尚周等，推出创意营销活动，同时，配合线上直播平台，带来 58.4% 的收入增长。

再次是改革线下销售。李宁集团执行高效大店的运营策略，对线下门店进行整合，关停亏损的小型门店，大中型门店改成品类店和体验店，在核心城市开设地标性旗舰店。2017 年，在上海世博园新开首次采取集装箱的体验店，成为上海最大门店。2018 年，李宁品牌参加纽约时装周、巴黎时装周后，在深圳开设具有潮流元素的快闪店"宁空间（Ning Space）"，既有传统的服装元素，又有可通过红外线捕捉人体动作的科技设备。2021 年，在四川成都建立首家中国李宁品牌城市主题店铺——中国李宁宽窄巷子概念店，将城市文化与产品体验融为一体，带给消费者运动潮流生活方式的全新体验。截至 2021 年 12 月 31 日，李宁集团销售点数量（不包括品牌"李宁 YOUNG"）共计 5935 个，较上一季末净增加 132 个，当年净增加 23 个。

经过改造形成线上线下一体化管理，可实现"线下体验—线上下单"的多维交互，进而实施全链路管理机制。为保证线上线下货品一致性，对线下门店实行精细化管理，每周及时补充货品。订货系统采用标准的模块化模型，不同类型店铺的门店订货与仓储配送均可高效完成。从供应到销售的全链路可视化管理，配合商品数字分析平台，极大提高了产品入仓、发货、进店的效率和精度。并且，2021 年 7 月在湖北成立荆门李宁中心，为李宁集团电商业务提供高标准自动化的拣配物流服务，物流服务可完全覆盖西南、华中等地区，大大缩短李宁品牌货品供应时间，完成线上线下一体化管理的具体实施。

最后是选择恰当的推广措施。对国潮风十分关注的 Z 世代群体，利用运动明星、影视明星对年轻人的影响力，以及社群、会员微信群等新媒介，扩大产品知名度，推动销售增长。例如，李宁品牌会员俱乐部在 2020 年底已拥有 3000 万注册会员，为企业进行精准营销提供了条件。

（三）国潮的社会责任

李宁集团也一直秉承可持续发展观，注重对可持续时尚领域的研发。李宁集团作为 2011 年成立的有害化学物质零排放组织（ZDHC）发起企业之一，一直关注可持续发展。该组织为促进纺织和鞋类行业开展可持续化学品的研究与实践，并保护消费者、工人和环境，承诺到 2020 年实现有害化学物质零排放。2019 年 11 月，李宁品牌联手有熊猫（UPanda），采用手绘涂鸦的艺术方式将品牌环保理念与首个国家官方大熊猫形象"阿璞"相结合，推出使用环保再生纱线制作的运动风衣和运动长裤，向消费者传递品牌的环保理念。

建设体育运动场所或公园，推广全面健身运动，或从其他方式推动区域经济发展。截至 2021 年 12 月，在全国建有 11 个李宁集团体育目的地，遍布广西、河南、江苏、山东、浙江、天津、安徽等地。2021 年 11 月，与上海长宁区政府签署合作协议，推动区域经济转型发展。

利用赛事宣传企业理念，赢得更多社会声誉，包括参与赛事赞助、主持专业赛事或活动等。例如，李宁品牌连续多年赞助中国国家乒乓球队、跳水队、羽毛球队、射击队、体操队，以及中国男子职业篮球联赛。同时也积极赞助国外著名团队，例如加拿大单板滑雪协会、匈牙利滑冰协会等。2020 年 9 月，举办首届"李宁杯"中国潮流运动服装设计大赛，主题是"国潮觉醒"，将创新设计与文化赋值相结合，收到来自国内外 212 所大专院校及设计机构的 1459 份有效作品。2021 年 12 月，在三亚举办以"意想天开"为主题的潮流音乐节，探索运动基因、中国文化和潮流元素的融合，创意呈现 2022 春夏系列新品。

积极参与公益事业。远至 1998 年特大洪水，近至 2020 年新冠肺炎疫情，李宁集团多次积极捐款捐物。因李宁集团在公益事业的突出表现，曾获凤凰网行动者联盟"2021 年度十大公益企业"称号。

还有，及时利用媒体进行企业立场声明。例如，2021 年初，外方污名化新疆棉事件中，李宁集团及时发布声明，强调新疆是李宁集团供应链体系中重要的原材料产地之一，并将新疆棉写在产品标签上。

四、国潮的布局：多元化战略与产业链扩展

（一）国潮的多元化战略

李宁集团在转型之初，希望通过多元化战略创造新的利润增长点，因此开始布局童装、女装等业务板块。

童装部的发展，从市场定位到产品特色，均体现国潮风，定位于"源自中国、具有时尚性的专业运动童装品牌"。2013 年下半年，单独成立童装事业部；2017 年，将原"李宁 KIDS"重塑为"李宁 YOUNG"；2018 年 1 月，正式推出面向 3～6 岁的好

奇孩童和 7～14 岁的活力少年，推出跑步训练、篮球足球、运动生活三大类服鞋产品；2018 年 6 月，李宁 YOUNG 业务已经覆盖 29 个省份，拥有 631 家店铺，2021 年 12 月，覆盖 30 个省份，拥有 1202 家店铺；2022 年 3 月，投资 2.5 亿元成立李宁体育童装有限公司，更加扩大了对童装领域的布局。其童装的主要设计元素除舒适这一基本要求外，还添加国潮设计元素。

女装部的发展，借助并购国外知名品牌，针对小众客户群，提供独特产品。2016 年，李宁集团与拥有 Danskin 品牌艾康尼斯公司合作，独家经营 Danskin 品牌在中国内地及澳门地区的业务。Danskin 品牌于 1882 年创立于纽约，是美国女性专业舞蹈运动服装品牌，2007 年被管理公司艾康尼斯收购，而艾康尼斯主要采用授权经营模式。2020 年新冠肺炎疫情发生以来，居家健身运动得到普及，相关服饰如瑜伽服得到人们关注。李宁集团旗下的 Danskin 品牌也于 2020 年发布了瑜伽裤等产品，2021 年还推出专为瑜伽运动设计的"揉柔裤"，更符合大众对产品舒适、价格亲民的要求。

（二）国潮的产业链扩展

为更好应用自己的生产制作工艺，李宁集团开始向上游生产制造端扩张，从而遍及上游生产、中游品牌、下游销售，实现了对全产业链的管控。

2019 年，李宁集团在广西南宁开展高端运动装备制造项目，是自 1990 年成立以来，第一次自建工厂，进入上游生产制造环节。该项目计划总投资 15 亿元，用地 590 亩，包括鞋厂、服装厂、配件厂、包装厂等各类细分项目，将成为李宁品牌原材料、运动鞋、运动服装等研发制造集群化供应基地。其中，李宁品牌高端成衣制造项目计划投资额为 1.2 亿元，计划年产 400 万～500 万件李宁品牌服装。

五、结论

李宁品牌借助"国潮"，重新定位中高端市场，并通过跨界联名不断增添新鲜元素；同时，坚持技术创新从而形成独特竞争力，改革供应链和销售渠道、市场推广方式；最终，形成多品类、多品牌的纵向一体化战略布局，实现品牌活化。李宁品牌借力"国潮"实现品牌活化的成功经验的总结与推广，不仅有助于提升我国民族自有品牌的市场竞争力，也能客观提升国家文化软实力。

（马琳）

本章参考文献

［1］佚名.品牌历史［EB/OL］.［2022-4-15］.https://www.lining.com/brand/history.html.

［2］佚名.李宁有限公司2021年年报［EB/OL］.2022-03-17［2022-4-15］.https://doc.irasia.com/listco/hk/lining/annual/ar262806-c02331.pdf.

［3］柳沙.国潮消费的时尚心理学诠释［J］.装饰,2021（10）:18-23.

［4］张敏.李宁公司商业模式转型动因与财务绩效研究［D］.兰州:兰州财经大学,2021.

［5］谈多娇,周家齐,郑洁.以供应链资源驱动增长的李宁公司模式研究［J］.财务与会计,2021,（23）:44-46.

［6］王鸣捷,谢曦冉.体育品牌整合营销传播新思路:基于中外体育品牌比较的视角［J］.现代传播（中国传媒大学学报）,2021,43（11）:136-141.

［7］郭国庆.国潮涌动下新国货崛起的营销密码［J］.人民论坛,2022,（3）:84-87.

［8］李艳,刘秀,陆梅."国潮"品牌发展趋势及设计特征研究［J］.设计,2020,33（9）:71-73.

［9］程梦圆.浅析国潮现象下国产品牌的IP营销［J］.价值工程,2020,39（2）:15-16.

［10］陈羽宣.当下品牌的跨界联名——"国潮"兴起［J］.大众文艺,2019,（17）:273-274.

第五章
红豆集团："四位一体"促进企业高质量发展

从最初的手工小作坊，到如今的大型跨国企业集团，红豆集团始终以创新保持勃勃生机，逐步发展成为涵盖纺织服装、橡胶轮胎、红豆杉大健康、商业地产园区开发等多个领域的综合性企业。红豆集团作为服装界唯一"国家商标战略实施示范企业"，现拥有红豆男装、红豆居家、红豆家纺、小红豆童装等服装连锁品牌，通过自营和加盟的方式使连锁专卖店遍布全国。曾荣获中国服装品牌价值大奖、商务部年度最具市场竞争力品牌称号、中国纺织十大文化品牌、中国服装品牌"成就大奖"等。近年来，红豆集团在不断加速品牌智慧转型的同时，更以新产品、新理念、新风尚的创新思维，不断为品牌注入新活力，引领企业可持续健康发展。

一、红豆集团概况

红豆集团初创于 1957 年，产品从最初的针织内衣，发展到纺织服装、橡胶轮胎、红豆杉大健康、园区开发商业地产四大领域，居中国民营企业百强，现有员工近 3 万名。集团有十多家子公司，包括红豆股份、通用股份两家主板上市公司，拥有美国、新加坡、西班牙、缅甸、泰国等境外分支机构。在柬埔寨王国联合中柬企业共同开发了 11.13 平方千米的西哈努克港经济特区，成为"一带一路"的样板。

（一）发展历程

1. 孕育新生，深化改革（20 世纪 90 年代）

1957 年，红豆集团前身港下针织厂成立。

1984 年，注册"红豆"商标。

1992 年，江苏省首家乡镇企业集团——红豆针纺集团成立。

1993 年，建立起小厂大公司的"母子公司制"组织体制，实行股份制。

1995 年，兼并上海申达摩托车厂，开始跨行业发展。

1996 年，百万年薪招聘集团总经理。

1997 年 4 月，"红豆"商标被国家工商总局认定为中国驰名商标，被国务院列入全国 120 家深化改革试点企业。同年 7 月，红豆五大主导产品通过 ISO 9002 质量体系认证。

　　2. 多元发展，开拓前行（2001~2013 年）

2001 年 1 月，"红豆股份"在上交所挂牌交易，拉开了红豆资本经营的序幕。3 月，红豆衬衫被中国名牌推进委员会评为"中国名牌"产品。9 月，推出"七夕红豆情人节"系列活动。

2002 年 5 月，红豆纽约公司在美国 BROADWAY1411 大厦正式成立。

2003 年 6 月，进军房地产业。9 月，红豆西服被中国名牌推进委员会评为"中国名牌"产品。

2004 年 5 月，红豆集团荣获中国服装百强"亚军"，周海江当选中国服装协会副会长。9 月，周海江当选红豆集团总裁。

2005 年 4 月，红豆品牌入选"商务部重点培育和发展的出口品牌"名单。同年 9 月，红豆夹克被中国名牌推进委员会评为"中国名牌"产品。

2006 年 3 月，"红豆"荣获中国服装品牌价值大奖。4 月，红豆集团被国家知识产权局授予"第二批全国企事业专利试点工作先进单位"。5 月，"红豆"荣获商务部年度最具市场竞争力品牌称号。10 月，红豆被评为"2006 年中国纺织十大文化品牌"企业之首。

2007 年 3 月，红豆品牌荣获中国服装业界最高荣誉——中国服装品牌"成就大奖"。也在这一年，红豆集团成为国内首家通过 CSC 9000 T 社会责任管理体系认证的企业。

2008 年，"领袖气质——2007CCTV 年度雇主调查"结果发布，红豆荣获"年度最具分享精神雇主特别奖"。由红豆集团控股的柬埔寨西哈努克港经济特区举行隆重奠基仪式。红豆成立了中国首个家纺色彩研发基地。国家林业和草原局批准红豆杉高科技生态产业园为红豆杉科技示范园。红豆集团财务公司成立。这一年五月，汶川发生特大地震，红豆人在第一时间向灾区捐款捐物，前后共达 600 多万元。

2009 年，红豆集团被 CCTV 年度"三农"人物推介活动组委会授予"情系'三农'新农村建设杰出贡献奖"。"红豆杉"悬赏 50 万元寻最佳广告语活动正式启动。2009 年 4 月，阿福农村小额贷款有限公司成立。2009 年 5 月，红豆集团被授予省博士后科研工作站。2009 年 9 月，红豆集团被评为 2009 年度"中国民营 500 强"企业。红豆成为全国第三批学习实践活动的典型。红豆集团被授予"全国发展县域经济突出贡献乡镇企业""全国纺织劳动关系和谐企业"和"产业转移先进单位"称号，被评为"全省见义勇为突出贡献单位"。红豆西服通过国家市场监督管理总局出口免验现场审查。

2010 年，红豆集团被国家市场监督管理总局认定为首批商标战略实施示范企业。"红豆"牌红豆杉正式入驻世博会中国馆，向全世界展示中国企业在生态开发方面的杰出成果。"七夕·红豆情人节"荣获"2010 中国十大著名节庆品牌"称号。红豆集团通用科技股份有限公司新 200 万套全钢子午线轮胎项目建设启动仪式正式启动。

2011 年，10000 棵红豆牌红豆杉入驻大运会。红豆集团党委荣获"全国先进基层党组织"光荣称号。红豆荣膺"2011CCTV 中国年度品牌"，荣获第四届无锡"市长质量奖"。红豆大学作为江苏省第二家、无锡首家示范性企业大学正式成立。

2012 年，千里马轮胎获"中国驰名商标"，这是红豆集团第二个中国驰名商标。红豆杉生物公司被认定为农业产业化国家重点龙头企业。由中国纺织工业联合会直接授牌，红豆集团发起创建的"中国纺织材料交易中心"在无锡正式上线，这是中国纺织材料专业市场上，第一个以现货交易为主的第三方电子交易平台。红豆集团技术中心也被评为国家级技术中心。西哈努克港经济特区正式揭牌。2012 年 10 月，中共中央组织部下发《现代企业制度 + 党的建设 + 社会责任——红豆集团探索构建中国特色现代企业制度的实践与启示》的通知（以下简称《通知》）。江苏省委、无锡市委也先后下发通知，要求全省、全市认真学习贯彻中组部《通知》精神，深入学习红豆集团先进经验。

2013 年，红豆集团入选国家两化融合示范企业。红豆集团携手辽宁卫视推出国内首个大型服饰文化节目"红豆·中国魅力"。红豆杉药业抗肿瘤制剂生产线通过国家新版 GMP 认证。红豆入选"2013 年国家技术创新示范企业"。

3. 借力聚力，守正创新（2014 年至今）

2014 年 1 月，红豆集团红豆杉正式登陆新三板，挂牌首日成交活跃，成交额稳居第一。2014 年 4 月，红豆集团投资公司正式成立，这是集团发展战略和资本运营的一项重要举措，产业经营与资本经营的良性互动，进一步提升集团的核心竞争力和盈利能力。2014 年 5 月，红豆荣登"中国工业企业品牌竞争力百强榜"。2014 年 8 月，中国民生投资股份有限公司在上海正式揭牌。2014 年 9 月，红豆集团荣膺全国质量标杆。2014 年 11 月，红豆集团等 8 家民营企业接到工业和信息化部发放的第四批移动通信转售业务试点批文，标志着集团正式进入电信领域。2014 年 11 月，中国纺织材料交易中心获全国电子商务集成创新奖。2014 年 12 月，国家市场监督管理总局、中国品牌建设促进会、中央电视台等发布了 2014 年中国品牌价值，红豆的品牌强度、品牌价值均在中国纺织服装行业领先。

2015 年，为支持新疆发展，共建"一带一路"，红豆集团在霍尔果斯投资建厂；9 月 19 日，集团援疆项目在霍尔果斯开工试生产。红豆集团正式推出第二代红豆杉盆景——水培红豆杉。红豆股份与深圳清华大学研究院签约，正式建立长期全面战略合作伙伴关系，10 月 10 日，深圳红豆穿戴智能科技有限公司正式成立。世界品牌实验室公布上榜企业，"红豆"品牌跻身中国品牌百强榜。

2016 年，江苏通用科技股份有限公司在上海证券交易所隆重举行发行上市仪式，由此，集团旗下拥有红豆股份、通用股份和红豆杉三家上市公司，其中红豆股份、通用股份为主板上市公司。红豆股份定增 18.1 亿元用于智慧红豆项目建设。

2017 年，在红豆迎来建厂 60 周年之际，隆重举行了"甲子红豆丝路情"主题会，并向中国和平发展基金会捐款 1000 万元。

2018 年，柬埔寨劳工与职业培训大臣与红豆集团董事局主席兼 CEO 周海江签署《关于在西哈努克港经济特区加强职业培训的三方合作协议》。12 月底，红豆集团被工信部核定列为 2018 年工业互联网平台试点示范项目。

2019 年，新加坡《联合早报》连同新加坡中小企业商会发布第一届"中国十大行业领军品牌"以及"亚洲/中国至尊品牌奖"榜单，红豆集团是纺织服装行业唯一上榜品牌。

2020 年 5 月，红豆集团科学技术协会正式成立，标志着集团的科技创新工作迈入了全新发展阶段。借助企业科协成立的契机，红豆将进一步提升科技创新能力，广泛开展技术交流、创新活动，营造企业自主创新氛围，建设"科技工作者之家"。

2021 年，红豆集团在"2021 年国际品质节"上荣膺"2021 年度杰出质造品牌奖"和"2021 品牌价值传播奖"两项殊荣。

（二）纺织服装业务板块

红豆集团以针织内衣起家，如今业务拓展至纺织服装、橡胶轮胎、红豆杉大健康、园区开发及商业地产。其中，纺织服装板块营收依然占据较大比重，板块内部又细分成男装、居家、家用纺织品（家纺）、童装等不同业务。

1. 红豆男装

红豆男装产品包括西服、衬衫、T 恤、夹克、裤子、羊毛衫等。红豆西服、衬衫、T 恤等五大主导产品先后通过 ISO 9C01 质量体系认证。1995 年以来，不断推进品牌建设，实现转型升级。2004 年，获得"全国西服质量管理先进单位"称号。2006 年，红豆荣获"2004～2005 中国服装品牌年度价值大奖"。2007 年，红豆喜获服装行业荣誉——"中国服装品牌年度成就大奖"。2008年，红豆服装全面转型，创新商业模式，不断提升品牌管理、生产管理、设计管理、卓越绩效管理，取得了突破性的发展。2010年，红豆服装通过售后服务五星级认证的企业。2011年、2015年，公司被评为"全国售后服务行业十佳单位"，2015年被授予"十大男装品牌"。

2. 红豆居家

红豆居家是一家以"柔软型内衣"为品牌定位，坚持用户思维，为用户解决痛点，提供舒适内穿体验的公司。公司具备织造、染整、成衣等内部配套的完整产业链优势，拥有强大的设计研发能力，与国际各大原料公司达成战略合作。红豆居家开创主导了红豆绒柔软型内衣、婴儿棉柔软型文胸等深受消费者喜爱的柔软舒适健康新品类，并追求极致，不断迭代更新。红豆绒柔软型内衣精选6国柔软原料（具体所含原料详见产品吊牌），9道柔绒工艺，3级柔软面料（级数参考企业内控标准），全国热销超1亿件（2009年5月~2020年6月累计单件销量），获得广大用户的认可。荣获"中国内衣杰出贡献奖""中国内衣年度新材料大奖"及"柔软型内衣开创者"等荣誉；红豆居家婴儿棉文胸，3D立体模杯，3级柔软里料，获得"2018~2019中国内衣行业年度市场营销奖""柔软型文胸开创者"等荣誉。目前，红豆居家拥有超2000家体验店，为消费者提供舒适的产品与服务。红豆居家以柔软的特性在内衣品牌中脱颖而出，被行业协会评为"舒适面料倡导者""功能内衣领导者""中国内衣行业标杆企业"，并连续三年荣获"电商奥斯卡"金麦品质奖、2020CKIW中国针织行业创新品牌奖、SIUF2019~2020中国内衣行业年度十大影响力品牌、品牌价值等大奖。

3. 红豆家纺

红豆家纺有限公司自1998年成立以来，不断推进品牌建设，实现转型升级，逐渐形成了Hodo红豆家纺连锁专卖、电子商务、家纺生产、小商品四大产业布局。多年来，红豆家纺荣获了"十大环保家纺品牌""中国最具流行魅力家用纺织品品牌""2010十大新锐时尚品牌"和"全国纺织实施卓越绩效模式先进企业"等荣誉。红豆家纺始终坚持"品质至上"，集设计、生产、销售于一体，以"亲情、爱情、友情"为品牌的核心理念，坚持"平民、平实、平价、平和"的市场定位，积极打造"温馨、经典、时尚"的家纺产品。产品涵盖家居产品全系列、被芯系列、套件系列、枕芯系列、婚庆系列、绒毯系列、床垫系列、夏凉系列等上千种产品，以满足家居纺织品一站式的消费方式。

4. 小红豆童装

小红豆童装（xhdkids）是红豆集团在2015年面向市场全新推出的童装连锁品牌，依托集团深耕服饰行业60载的经验，顺应消费者对童装品牌化、品质化的市场需求。

小红豆成立独立的研发中心和成熟的设计团队，以线下实体店体验为发展策略，聚焦长江三角洲经济发达区域，辐射全国大中小城市。童装品牌的推出，使红豆服饰同时覆盖老年、中年、幼年各个年龄层，进一步完善红豆服装的连锁体系，实现"红豆品质"辈辈穿、代代传。小红豆童装传承红豆企业"平民、平价、平实、平和"的品牌基因，秉承以用户为中心的理念，为城市中产阶级 80、90 后新生代父母打造真正"质优不贵"的国民好童装。服饰以高品质、高性价比为核心，专为 4～12 岁男女童打造"安全、童趣、品质"的穿着体验，在面料、款式及色彩上强调舒适、童趣；同时，构建产品验收标准和质量保证体系，每一件衣服都经过严格审核、检验和监测，确保小红豆产品品质的安全性和高标准。

二、中国特色治理模式：以党的建设引领企业高质量发展

红豆集团坚持不懈抓企业党建，在全国首创了中国特色现代企业制度，即"现代企业制度 + 党的建设 + 社会责任"，实现了企业与社会、国家利益的一致性。其中现代企业制度是基础，通过健全法人治理结构，协调所有者、经营者、劳动者关系，规范企业行为，激发内在动力；党的建设是灵魂，通过党建工作形成企业独特竞争优势，推动企业利益与国家、社会利益高度统一；社会责任是使命，通过加强和创新社会管理，优化发展环境，促进稳定和谐。

（一）党的建设

红豆集团从改革开放后的一个乡镇企业发展成为一家大型民营企业集团，得益于其始终坚持党建引领企业发展。在中组部《党的建设》党建工作经验主题教育案例中，红豆集团是唯一入选的民营企业。红豆集团党委是全国先进基层党组织，也是唯一一家由中组部发文号召全国学习的民营企业党组织。

回顾红豆集团 60 多年的发展历程，不难发现很多大的机遇都是从党的方针政策中探寻而来。集团党委充分认识到党的方针政策汇集了全党智慧，具有特别强的导向性、前瞻性、全局性和科学性，企业党组织可以帮助企业把握宏观政策，为企业发展把准方向，减少决策成本。党的十一届三中全会确定将党的工作重心转移到经济建设上来，企业牢牢抓住改革开放的利好政策，小厂实现连年翻番跨越式发展；1992 年，红豆成立了企业集团；2001 年随着资本市场的进一步开放，红豆紧抓机遇，实现股票上市；2007 年积极响应国家"走出去"战略，在柬埔寨创办经济开发区，今天欣欣向荣的西哈努克港经济特区已成为"一带一路"中柬友谊的象征；近些年，红豆集团抓住科学发

展生态产业的机遇，大力发展红豆杉大健康绿色产业。

在红豆集团大小百余家企业中，每家都有党支部，并建立健全了的党组织和长效活动机制，还建立了全国民企第一个境外党支部——柬埔寨党支部，形成了党组织建设从集团总部到产销一线的全面覆盖。红豆集团的党建工作有两个明确目标：一要"有形覆盖"，二要"有效覆盖"。为了实现这两个目标，红豆集团创立了一套自己的党建经验和工作方法，即"一核心三优势"。"一核心"指的是把企业党委作为政治核心，与"三会"融为一体。董事会、监事会、经理层中的主要负责人进入党委，确保企业在政治上与党和国家的方针政策保持一致。"三优势"即把党的政治优势转化为企业发展的机遇优势、人才优势、和谐优势。在"一核心三优势"党建经验基础上，红豆集团又发展了"党建工作法"，归纳为"一融合双培养三引领"。"一融合"即"党企融合"，包括交叉任职、双向互动；"双培养"就是人才双向培养，把党员培养成企业人才、把企业人才培养成党员；"三个引领"就是以党建工作引领先进企业文化、引领构建和谐企业、引领履行社会责任。

红豆的"党建工作法"得到中组部的肯定。2012年10月，中组部向全国发文推广介绍了红豆集团的党建工作经验。为了贯彻上级党组织关于开展第二批党的群众路线教育实践活动的部署和要求，红豆集团在党的群众路线教育实践活动中，着力打造服务型党组织，努力实现"三个服务走在前"，即"服务企业发展走在前、服务员工成长走在前、服务社会和谐走在前"。

红豆集团党委坚持初心使命，注重"党企高度融合"，充分发挥集团下属各级党组织和党员在企业各条线和岗位的战斗堡垒作用、先锋模范作用。集团党委积极响应，号召全体"红豆人"高度统一思想，提高企业政治站位，持续增强新冠肺炎疫情防控工作的使命感与责任感，坚决贯彻落实党中央、省委和地方政府的有关决策部署，为打赢疫情防控阻击战提供坚强政治保证和组织保证，以实际行动"做好自己事，当好自己人"。正如红豆集团"掌舵人"周海江所言，在严峻的疫情面前，民营企业的广大党员干部一定要心存感恩党和国家的理念，坚持听党话、跟党走，牢固树立依靠党、相信党，有足够的能力和信心带领全国人民共同战胜新冠肺炎疫情。在这场没有硝烟的"战疫"中，民营企业家理应挺身而出，为打赢疫情防控阻击战贡献民企力量，努力成为让党和人民满意的新时代民营企业家。

（二）社会责任

一个成功的企业首先是有社会责任感的企业，红豆集团注重以社会责任锻造企业品质，积极坚持通过建设和谐企业来促进社会和谐，努力做到"服务社会、带动周边、促进和谐"。红豆集团是国内首家全面执行企业社会责任的企业。经过多年发展，形成了完善的企业社会责任体系，在保持持续、快速发展的同时，尽力安置就业、交缴税收，帮扶周边村镇经济发展，并一直热心公益事业，将履行社会责任作为企业应尽的义务。

红豆集团的社会责任感体现在许多方面。

目前，集团共有员工 2.2 万人，并间接带动近 10 万人就业，同时也促进和带动了企业周边地区的经济发展。红豆集团给当地大部分农民带来的不只是红豆杉这种高利润的经济作物。当地领导曾说："红豆稳，东港稳；红豆越发展，东港人越幸福。"红豆一家的税金贡献就占东港镇财政总收入的一半。红豆还投入 2800 万元资助东港镇的建设和无锡市内外的 8 个村、10 个厂的发展。

支持、帮助青年人创业。2009 年在中国青年创业就业基金会成立仪式上，红豆捐资 1000 万元，是 23 家原始成员企业之一。红豆集团下属的阿福小额贷款公司还设立了"农村青年创业贷款项目"，帮助青年创业。

为弘扬孝道，向社会传递爱老敬老正能量，红豆集团已连续多年开展"关爱百岁老人"公益活动，山联村有多位百岁老人获得 10 万元关爱金，在今年举办的"红豆关爱百岁老人"活动中，山联村又有三位百岁老人喜获关爱金。

多年来，红豆集团对外捐款捐物已超 3 亿元，不断向社会传递正能量。

2020 年 2 月 29 日，受工信部委任，红豆着手制造 22 万件支援武汉的防护服。重任之下，红豆争分夺秒、保质保量，24 小时内完成了其中 3.8 万件，为全民战"疫"贡献出自己的力量。

三、红豆文化：以人文关怀文化体系支撑企业高质量发展

经过数十年的发展，红豆文化已成为红豆集团的基因，深深融入品牌和企业发展。红豆文化对外体现为品牌文化，对内则体现为企业文化。

（一）品牌文化

"红豆生南国，春来发几枝？愿君多采撷，此物最相思。"一个产品要想畅销，除了好的质量款式外，还要有好的名字。正是源于这个想法，"红豆"这个颇具诗意的文化品牌诞生了。随着企业的不断发展，红豆对品牌的认知不断提升。正是对品牌的执着追求，红豆并没有仅仅停留在那块诗意的文化商标上，而是不断提升品牌的文化含量。为了使红豆真正成为国际名牌，并且赋予品牌文化和个性，2005 以来，红豆集团一方面加强产品设计、提升产品品位；另一方面专门请来著名品牌策划公司对红豆的品牌进

行全新的包装，导入新的企业形象。红豆新的 CIS 企业识别系统对原有的不适应国际化的方面进行了全面改动。红豆集团还加强对品牌商标的保护，扩大对品牌的宣传。先后在 34 大类和 8 大类服务性产品上进行商标注册，又在 54 个国家和地区完成了商标注册，并在全国最早设立了商标科，专门进行商标的管理和维护。

"情文化、家文化"一直是红豆坚持的品牌文化。以小红豆童装为例，自推出以来，小红豆童装持续传播爱的正能量，洞察当代快节奏生活下缺失亲子陪伴的家庭群体，倡导"最好的爱是陪伴"，让孩子在陪伴中成长，在成长中学会感恩。截至 2018 年，小红豆已连续推出四届"衣"脉相传活动，设计师团队通过个性化定制方式，将父母的闲置衣制成孩子的新衣服，创新化实践"旧衣环保利用"的绿色理念，此活动寓意父母的爱传承至下一代，并贴身陪伴孩子成长。"一衣同穿"的家庭传情活动赢得了广大父母的热烈赞扬，也让"陪伴、成长"的小红豆品牌文化从小根植内心，在每个家庭中传播。

红豆集团在不断发展中，对业务板块进行了创新拓展。红豆杉是红豆集团近年来大力发展的项目，这是红豆集团着眼转型、走绿色发展之路的一招大棋。红豆集团不仅舍得斥巨资用于节能减排，还积极地发展绿色生态产业及红豆杉的种植研发。红豆杉可以提取治疗癌症的紫杉醇，能培植成盆景以供观赏，大面积种植有利于净化空气、土质及水质。2010 年，红豆集团向全国部分小学赠送 5 万盆红豆杉，鼓励孩子们从小树立环保意识，关爱生态环境。红豆集团真正做到了成为"环境的友好使者"。

（二）企业文化

企业的凝聚力是企业发展的根本动力，增强企业的凝聚力需要依靠企业文化。多年来，"情文化、家文化"一直是红豆企业文化的主基调，作为企业的核心竞争力。同时，在此基础上，使之升华为"诚信、创新、奉献、卓越"的红豆精神。

红豆集团坚持把党建融入生产经营管理，率先把 ISO 9001 质量管理体系导入企业党建，出版了中国民企首个《红豆集团党建工作标准》，提出了建设民营企业"红色品格"和"绿色品格"的理论。近年来，红豆集团与山联村作为友好相邻的村企，坚持党建引领，实现优势互补，努力把红豆集团"三位一体"中国特色现代企业制度和山联村"三色"党建相互融合，联办"党建共建"活动、助力培育优秀人才、探索打造康养项目、共创绿色，将党建引领与企业发展融为一体生态环境。

红豆还把企业文化升华为民族传统文化。针对外来文化冲击的负面影响，红豆把企业品牌文化和牛郎织女鹊桥相会的七夕节相联系，打造中国味的情人节。从 2001 年开始，红豆集团举起红豆相思节大旗，在海内外引起了强烈的反响。2001 年 6 月，由江苏省作家协会和红豆集团共同筹办的首届"红豆·七夕节"笔会在无锡举行。著名诗人贺敬之认为，红豆打造中国人自己的情人节——红豆·七夕节，这件事很有意义，它不仅是牛郎织女的相思，还包括了亲情、友情等。第二届七夕节，情文化联结了海峡两岸。中国台湾诗人余光中说，红豆·七夕节是"用红豆抵抗玫瑰"。这一句充满诗意的话让"七夕""红豆"引起了更多人的关注。当西方情人节成为年轻人关注、追崇的主流节日时，需要思考该如何通过博大精深的中华文化来寄托和弘扬忠贞的爱情、和谐的大爱。那一年七夕，来自我国台湾和无锡的七对情侣一起学习制作河灯，坐在"古运河"号游船上，一起边放河灯边交谈，共叙同宗同源的相思之情。14年来，红豆集团通过诗歌朗诵会、七夕节民俗论坛、20万大奖寻找当代王维、感动中国的爱情故事征集、晚会等多种形式的活动，通过中央电视台、江苏卫视等主流媒体的传播，结合时代的发展，给这个原属于农耕文明的七夕节注入了现代化的、时尚化的因素。对此，红豆·七夕节首倡者、红豆集团董事局主席周耀庭表示，红豆人用十余年的坚持换来了一个民族传统节日的回归。今后，红豆还将一如既往地举办红豆七夕情人节活动，把它办成一个品牌，继续弘扬红豆企业文化和中华民族文化。

四、解决消费痛点：以产品科技创新助推企业高质量发展

为了解决消费者的真实需求，红豆集团旗下各个公司专注于科技创新，反复试验取得科技突破，不断研发新产品，获得了较好的市场反馈和声誉。

红豆居家用最新的产品、最优的品质、最好的价格，向众多消费者全方位展示"为舒适而生"的品牌定位，让消费者更深刻地体验到品牌的魅力。红豆居家的透气型纱布款居家服是2020年秋冬季主打产品，该款居家服为了解决闷热痛点，透气率超国家标准近4倍，穿上此款居家服夜间睡觉绝无闷汗问题。

2014年，红豆居家推出柔暖型内衣"红豆绒"。该系列产品精选柔性纤维为原料，经过柔性纤维、细旦纤维、膨体腈纶、色纺工艺、纺纱工艺、织造工艺、抓绒工艺、烫绒工艺、剪绒工艺九道柔绒工序，呈现出细密短平绒，体感柔软温暖。其中抓绒工艺使绒毛充分拉长，更蓬松；烫绒工艺伸直纤维，方便剪裁；剪绒工艺使绒毛接触密度大，体感更柔软。

为了解决消费者尤其是年轻消费者对内衣轻薄且保暖的需求，红豆居家经研发推出了红豆绒羊绒系列产品。轻薄柔暖不臃肿。精选长度大于34mm、细密度小于16μm的鄂尔多斯山羊绒，采用二毯工艺去除羊绒衣物天然的刺痒感。采用的紧密纺工艺减少了面料表面过长的绒毛，使面料具有较大强度和抗起球性；而赛络纺工艺提高了纤维排列整齐度，使纱线具有紧密结构和光洁触感。从而使产品保有舒适弹性，又不易松垮变形。

继成功推出柔暖型内衣"红豆绒"之后，2015 年，红豆居家又研发出具有革命性的划时代时尚产品——红豆棉。红豆棉采用优质精梳棉，通过特殊的除毛工艺，使布面光洁平滑，具有丝的光泽、绸的爽滑，并能迅速排出人体汗水及热量。同时，红豆棉挺括、保形性好。红豆棉系列开发的亲子套装，演绎了红豆居家的"家文化"，为消费者带来物超所值的贴身体验。

为了将技术创新成果可视化，红豆居家将产品的主要原料样本放入一个真空的透明"包装球"中，所有实体店内的购物者都可以直观了解到产品的材料、工艺和性能，在传播专业知识的同时起到了品牌宣传的作用。

五、智慧红豆：以数字化运营赋能企业高质量发展

近年，红豆集团主动拥抱数字经济，努力推动产业数字化。销售端运用大数据构建精准营销，而生产上则积极建设智能车间。2015 年，红豆集团提出了"智慧红豆"战略目标，积极借助互联网、物联网等技术，全面推进数字化转型步伐。2019 年，红豆推出智能全渠道生态系统，覆盖全国 1300 多家门店，超过 400 万件商品实现了线上线下共享。而这些数字化布局，也让红豆在新冠肺炎疫情冲击的严峻经济环境下成功突围。

随着新冠肺炎疫情席卷全球，海内外经济社会环境正在发生着深刻改变。红豆集团深感我国制造业发展承受着较大冲击，积极加快科技布局，以应对特殊时期环境变化，实现未来的可持续发展。2020 年，红豆将发展主题定义为"三自六化"绩效年，围绕"自主品牌、自主创新、自主资本"三大目标，贯彻"智能化、绿色化、服务化、高端化、国际化、规范化"转型，以"效益"为中心，以"进化"为重点，加快"智慧红豆"战略的全面落地。

2020 年"五一"期间，红豆男装紧抓直播风口，联动各门店开展线上直播带货，公司高管亲自上阵，助推新品红豆小白 T 迅速晋升为人气爆品。"智慧红豆"战略取得了巨大成效，"五一"期间红豆男装迎来了销售爆发，每分钟售出 T 恤 73 件，全渠道销售同期增长 27.63%；同时，红豆居家全国门店联动推出"柔软居家服节"，线下柔软居家服同期增长 60%。小红豆童装也已携手苏宁易购开启线上线下直通，不断引领童装消费新时尚。

未来，红豆集团将持续推进"5G+ 纺织服装工业互联网"建设，从智慧设计、智慧供应、智慧生产到智慧物流、智慧门店，全方位发展"智慧红豆"。红豆将依托红豆电信的手机创新应用，建立跨产业平台，通过大数据智能分析，开展平台化体验和交叉销售模式，以通信服务和服装产业融合方式拓展用户，为服装纺织生产管理提供整体解

决方案。利用嵌入 SIM 的手持终端设备，将企业遍布各地的销售团队、销售终端、代理商连接起来。视频监控项目利用红豆远程音视频信息化管理平台实现对零售门店的远程监控，进行可视化移动远程管理与顾客流量的大数据分析。从品牌文化到产品质量再到终端服务和购物体验，红豆品牌将呈现出无限的市场张力。众多销售网点不仅为顾客提供了系列化的服装产品，更充分彰显了红豆集团日益雄厚的品牌实力。

（王润娜）

本章参考文献

[1] 文中伟，杨丽，李晓慧，等 . 红豆为什么这样红？红豆集团树立民企党建红色标杆 [J] . 纺织服装周刊，2012（18）：2.

[2] 王孝经 . 周海江：企业家精神是家国情怀 [J] . 国企管理，2018（7）：84-87.

[3] 阮修星 . 解读红豆集团 60 年发展奥秘 [J] . 中国民商，2017（10）：52-54.

[4] 史鹤幸 . "红豆"为什么这样"红"[J] . 上海企业，2017（6）：12-15.

[5] 陶红 . 塑造中国特色民族品牌——访江苏红豆进出口有限责任公司外贸事业部部长钱亚娟 [J] . 纺织服装周刊，2018（34）：37.

[6] 张云龙 . 儒商的红豆"情文化"——访红豆集团党委书记、总裁周海江 [J] . 现代企业文化（上旬），2015（7）：18-21.

[7] 梁龙 . 新红豆轻时尚新形象 [J] . 中国纺织，2019（5）：97.

[8] 过国忠，姜树明，卓之敏 . 用创新思维点燃企业创新之火——记十九大代表、红豆集团党委书记、董事局主席周海江 [EB/OL] . 中国科技网，2017-10-18. http://stdaily.com/index/kejixinwen/2017-10/18/content_584981.shtml.

[9] 周亚 . 红豆党建：探索具有中国特色的民企党建道路 [EB/OL] . 半月谈网，2020-01-08. http://www.banyuetan.org/fgdj/detail/20200108/1000200033138131578458752554393741_1.html.

[10] 佚名 . 红豆集团：加快数字化转型 [EB/OL] . 经济观察报，2020-6-25. https://zhuanlan.zhihu.com/p/148535024.

[11] 全球时尚品牌网 . 红豆集团：把社会责任融入企业灵魂 [EB/OL] . 2014-12-10. http://www.glosspp.com/news/17082.html.

[12] 大众网 . 红豆集团：加快数字化转型 [EB/OL] . 2020-06016. http://m.haiwainet.cn/mip/3542303/2020/0616/content_31814965_1.html.

[13] 红豆集团官方网站 [EB/OL] . [2021-12-16].http://www.hongdou.com/.

第六章
寺库：打造全球奢侈品服务平台

一、品牌简介

　　寺库（SECOO）成立于 2008 年，致力于打造全球奢侈品服务平台的多元化集团，是中国最大的线上线下精品生活方式的平台。寺库总部设于北京朝阳三里屯。主要业务涉及奢侈品网上销售、奢侈品实体体验会所、奢侈品鉴定和养护服务等主营业务。寺库拥有目前国内最专业奢侈品鉴定团队，全球最大的奢侈品养护工厂及遍布全球的多家奢侈品库会所。在多个国家和地区的中心商业地段设有会所，包括北京、上海、成都、香港、东京、纽约、米兰等诸多城市，致力于打造最具实力的全球领先奢侈品一站式服务平台，追求高品质生活人士的交流平台。

　　寺库最初从事寄卖服务，被称为"二手奢侈品电商"，为顾客鉴定闲置的奢侈品，并进行定价和售后服务。从寄卖、鉴定、定价以及售后服务，逐渐发展到售卖奢侈品，寺库也在不断地扩充奢侈品品类，到如今已经从箱包、腕表、服饰等传统奢侈品品类扩展到了囊括多种品类（高端旅行、珍馐、享乐、艺术品、中国精品、豪车、私人飞机等数十种品类）的生活方式电商平台。寺库集团拥有完整的高端商业生态，旗下设有寺库商业、寺库金融、寺库智能和寺库社群四大核心板块，打造完整的精品商业圈。同时，建成国内专业、权威的奢侈品鉴定团队，奢侈品养护工厂，也作为中国检验认证集团的战略合作单位和技术方。

　　寺库成立 9 年后，在 2017 年 9 月 22 日，以中国领先的线上线下精品生活方式平台正式登陆美国纳斯达克，股票代码为"SECO"。

　　发展历程如下：

　　2008 年 7 月，李日学带领 5 位伙伴在济南创立了寺库。

　　2008 年 9 月，寺库中国三名创业伙伴获得首批国家鉴定估价师资质。

　　2008 年 10 月 1 日，寺库中国首家寄卖店（济南）正式开业，同步上线寺库官网 www.siku.cn。

　　2008 年 12 月 23 日，寺库中国首家奢侈品主题会馆开业。

　　2009 年 7 月，寺库中国北京国贸会馆开业。

　　2010 年 6 月，荣获"中国企业未来之星"百强（由《中国企业家》杂志社 2010

评选出）。

2011 年 4 月，寺库中国 secoo 商城正式上线 www.secoo.com。

2011 年 5 月，寺库中国获得美国 IDG 资本 A 轮融资。

2011 年 7 月 19 日，寺库中国北京金宝街库会所开业。

2012 年 3 月，全球占地面积最大的寺库中国奢侈品养护服务工厂（至一恒盛）成立。

2012 年 5 月，寺库中国获得美国 IDG 资本、法国银泰资本、德国贝塔斯曼基金以及法国欧尚家族基金 B 轮融资。

2012 年 5 月 6 日，寺库中国上海南京西路库会所开业。

2012 年 10 月 13 日，寺库中国成都人民南路库会所开业。

2013 年 5 月，寺库中国成为世界顶级奢侈品腕表品牌帕玛强尼（Parmigiani）授权零售商。

2017 年 9 月 22 日，以中国领先的线上线下精品生活方式平台正式登陆美国纳斯达克，股票代码为"SECO"。以每股 13 美元的发行价发行了 850 万股美国存托股票。

2020 年 6 月 3 日，趣店集团与奢侈品服务平台寺库共同宣布，趣店将以至多 1 亿美元的价格认购寺库至多 10204082 股新发 A 类普通股。交易完成后，趣店持有寺库约 28.9% 的股份，成为其第一大股东。但是趣店的入股仍旧未让寺库的运营有新的起色，其最近发布的 2020 年 Q3 财报数据依旧不理想。

财报显示，2017～2019 年，寺库营收分别为 37.40 亿元、53.88 亿元、68.69 亿元，同比增长 44.21%、44.40%、27.48%。到了 2020 年，下滑更为明显，2020 年前三个季度其营收分别为 10.1 亿元、13.1 亿元和 13.7 亿元。盈利方面，2020 年一季度寺库迎来了上市首亏，净亏损 4250 万元。

二、奢侈品市场与消费者

（一）国际市场

据德勤全球奢侈品报告，2019 年全球奢侈品百强累计销售额高达 2810 亿美元，奢侈品公司百强平均销售额达 28 亿美元，销售额综合年同比增长率为 8.5%，2016～2019 年奢侈品销售符合平均增长率为 8%。

2020 年以来，奢侈品制造商受到了新型冠状病毒肺炎疫情的重创。数月以来，消费者一直面临境外旅行限制，且不确定何时可以自由出入境。在封闭期，全球入境旅游人数锐减，导致传统零售额大幅下降。

免税商店主要在机场产生销售额，受到全球旅游业崩溃的严重打击。2020 年 8 月，全球最大的旅游零售商 Dufry 宣布其销售额同比下降 60.6%。大部分地区的零售商销售额均为负增长，但在夏季，欧洲、亚太以及美国等地区的销售市场小幅度回暖。尽管新冠肺炎疫情严重阻碍了全球旅行，中国消费者对进口奢侈品却依然热情未改。因此，政策制定者计划通过建立临时的新免税地点来扩大免税购物渠道，以期改善境内游客流量。几乎所有计划于 2020 年举行的重大事件和时装走秀均被取消或推迟，其中许多已改为虚拟形式举行。

（二）国内市场

中国境内奢侈品市场在 2020 年初经历了异常艰难的开局，但到 2020 年结束时，一些品牌却实现了两位数甚至三位数的增长。在疫情得到控制后，中国境内奢侈品销售迎来强势反弹。出境旅游因疫情受阻，使得中国消费者的海外奢侈品消费向国内转移。受此影响，中国境内奢侈品市场从 2020 年 4 月开始回暖，2020 全年实现约 48% 的增长，达到近 3460 亿人民币。

出境旅游的减少导致源于中国消费者的奢侈品消费总额（包含境内和海外消费）下跌近 35%，跌幅在全球各地消费人群中位列第一。而消费回流带动境内奢侈品消费的增长，并未完全抵消中国消费者在海外市场的消费缩减。但从消费地域的角度来看，全球奢侈品市场销售额在 2020 年预计下跌 23%，中国内地在全球市场的占比几乎翻了一番，从去年 11% 左右跃升至 2020 年的 20%。预计这一增长趋势未来还将延续下去，到 2025 年，全球奢侈品市场回归到新冠肺炎疫情前水平，而中国境内市场则有望成为全球最大的奢侈品市场。与以往一样，中国境内奢侈品市场的增长在不同品牌（销售额增速从 10% 到 70% 以上不等）和地区（北部和东北部地区的表现不及强劲的南部、东部和西南地区）之间存在明显差异。此外，2020 年不同品类的增速大相径庭，相较 2019 年，箱包皮具和珠宝以 70% ~80% 的销售额增速一路领先，成衣和鞋履增速 40% ~50%，而奢侈品美妆和腕表则预计分别增长 25% 和 20%。贝恩（结合报告合作方天猫的数据）研究表明，四大引擎推动了 2020 年中国境内奢侈品市场的增长：消费加速回流、千禧一代和 Z 世代购物者、数字化趋势的持续以及海南离岛免税购物。其中，海南离岛免税购物是今年驱动奢侈品消费增长的重要新引擎。

2017 年 6 月，京东斥资 3.97 亿美元成为英国奢侈品电商平台发发奇（Farfetch）的大股东。7 月 24 日，全球三大奢侈品集团之一的开云集团（Kering）宣布，继圣罗兰（Saint Laurent）、亚历山大·麦昆（Alexander Mcqueen）和宝曼兰朵（Pomellato）之后，旗下著名品牌也正式入驻京东旗下的奢侈品电商平台"Toplife"，这是该品牌首次以官方旗舰店的形式入驻国内第三方零售平台。2017 年 10 月，京东针对高端品牌打造全品类奢侈品电商平台 TOPLIFE，完全独立于京东主站运营。该平台已经吸引了 30 多家来自开云集团（Gucci 母公司）、LVMH 集团、香奈儿（Chanel）等一线"硬奢"品牌。

三、运营策略

在寺库成立之初，其业务为二手奢侈品业务，资产模式较轻。但二手奢侈品交易平台的天花板可见，于是，寺库开始向奢侈品新品销售转变，但在一开始，寺库并未获得品牌直接授权，货源真伪让消费者难以下单，此后，寺库又开始加强销售和售后环节，并开设线下体验店。目前，寺库拥有箱包、腕表、服饰、高端旅行、珍馐、享乐、艺术品、中国精品、豪车、私人飞机等数十种品类与来自全球超过 30 万件的精品，100%真品保证。针对高端用户，通过供应链金融和消费金融，为高端消费者打造便捷、高效的跨境金融消费服务，推出跨境大额支付、多币种换汇、跨境购买退税等服务。

（一）多元化运营

寺库集团拥有完整的高端商业生态，包括寺库商业、金融、寺库智能和寺库社群四大板块，打造完整的精品商业圈。

寺库打造的城市第三空间则更进一步，通过与游乐园、高端酒店、运动休闲场所等"第三空间"场景下的线下商业实体合作，将二手寄卖、养护、鉴定、私人定制等专业服务完美融入消费场景中。此外，寺库还将通过举办品鉴会、文化交流沙龙等活动，增进会员间的交流，为用户在城市第三空间中找到志同道合的朋友或合作伙伴，放大奢侈品行业社群圈层效应。寺库正在全国范围内招募城市第三空间合伙人，对各类自带场景服务，并且有升级高品质服务需求，希望为用户创造更多价值和乐趣的合作伙伴敞开怀抱。尤其欢迎各类又酷又好玩的高端俱乐部，或者提供私人高端定制服务的厂商热忱加盟。

养护服务中心。在线下服务方面，寺库的服务网络主要在北京、上海和成都这三大奢侈品消费都市。寺库采用专业测色、调色仪、蒸汽去污机、日本进口手动缝制工具等先进设备，雇佣皮具类专业技师团队来提供养护服务，以及采用潜水表测试仪、防磁实验仪、防震实验仪等进口设备来提供腕表维修服务。

管家服务。寺库对奢侈品市场服务创新已经有一些探索，比如，寺库提供关于奢侈品的"管家服务"，为每位买家提供一对一的在线购买咨询，还包括购买以后的一系列在线微信服务，以及线下养护服务。寺库通过对消费者需求的精准大数据分析和预测，为用户提供各种专业奢侈品咨询服务，通过微博、微信等社交网络与用户建立沟通渠道，为用户带来第一时间的前沿奢侈品信息。

跨境电商寺库采用了线上到线下（O2O）的运营模式。由于奢侈品本身的特有属性，线上和线下结合方式已经不能满足寺库的运营，所以，在线上允许用户同时充当买家和卖家。寺库提供寄售平台，方便买家获取奢侈品供应信息和消费情况。由于买家接触不到实物和支付金额大，所以，寺库建立了在线服务评价中心，使消费者更加了解想要购买的商品。当然从中可以看出买家的需求，激发买家的购物欲。寺库作为亚洲最大的精品生活方式平台，此次通过与菲律宾、蒙古国等海外知名供应商达成合作，可以使得引进来的特色产品在国内市场更有竞争性，而走出去的产品在国外也有竞争力。寺库已经全面成长为一站式精品生活平台，通过时尚品质的品牌调性、个性化的场景式购物体验以及覆盖全品类的全球时尚触觉，精准捕捉与满足更多用户的购物需求。

2021年5月7日，寺库与珠海免税集团在海南举办了战略合作签署仪式，未来双方将开展深度合作，在供应链、营销推广、线上直播等环节建立共享机制，尤其是在高奢品牌供应链上进行战略性协作，发挥双方资源优势，加强在高端奢侈品供应链上的布局。寺库与珠海免税集团在多个方面开展深入合作。在品牌层面，双方建立高奢品牌供应链上的战略性协作，通过双方平台优势加强在高端奢品供应链上的布局，并通过创新性业务的开发，增强双方品牌在各自领域的领先优势；在营销层面，双方未来将联合举办独家的品牌展示会、新品发布会，并通过各自的资源平台扩大渠道资源，共同推进定制化营销活动，提升市场营销效果，实现共赢。

寺库在北京、上海、成都和香港开设了线下体验中心，线下体验中心给消费者提供全面的奢侈品体验空间，体验产品包括红酒、服饰、珠宝等奢侈品。值得注意的是，寺库的线下体验中心一改传统奢侈品品牌专卖店中"高高在上"的印象，而是品类与品牌集合型的生活体验店，让有消费力的高端用户也能够轻松走进寺库体验店，不用过于紧张而对店内产品进行轻松尝试。

寺库体验店的创新点在于，不是将实体店定位于产品的零售店，而是将实体店定位于生活方式的体验场所，体验特征与当地人文环境和文化特点相关。以厦门为例，寺库设立"寺库·茗"的文化主题馆，在体验店内展示精美奢侈品茶具和茶品，消费者能在品味茶饮食与茶艺文化的同时购物。

在寺库的库客互动计划中，换着花样"一周一次"地玩。与会员之间每周产生一次互动，保持刚刚好的距离，并且每次互动搭配不同的产品，这周可以是美食，下周可以是旅游，接着可以是艺术和健身等。构建全新的会员体制是一方面，更重要的是"打铁必须自身硬"。过去一年中，寺库在布局方面不仅将寺库生活、寺库名物、寺库艺术、寺库金融、寺库农业、赋能生态云、国际站等列为业务版图中最重要的部分。还频繁跨界合作，先后与百盛、砂之船、威尔仕、凯撒旅游等多个品牌机构达成战略合作，涉及农业、旅游、酒店、酒业、体育、零售等多个截然不同的领域，战略推进节奏扎实而紧凑。

（二）品牌签约

2017 年 4 月 17 日，意大利顶级鞋履奢侈品牌萨尔瓦多·菲拉格慕（Salvatore Ferragamo）在中国市场踏出了重要的一步：品牌正式与中国最大的线上线下精品生活方式平台寺库双方签约，寺库成为其在中国的第一个与线下专卖店同步销售商品的线上官方渠道。寺库与超过 3000 个高端品牌合作，拥有如范思哲（Versace）、Salvatore Ferragamo、塞乔罗西（Sergio Rossi）、拉佩拉（La Perla）、泰格豪雅（TAG Heuer）、Pomellato、罗伯托·卡瓦利（Roberto Cavalli）、托德斯（TOD'S）、罗杰·维维亚（Roger Vivier）、兰博基尼（Lamborghini）等国际一线品牌的直接授权，带给消费者最安心的消费体验。对于电商平台来说，产品无疑是重中之重，供应能力的提高也进一步巩固了寺库在奢侈品电子商务领域的优势。目前，寺库已经拥有全球 40 万件精品商品，囊括普拉达（Prada）、阿玛尼（Armani）等 100 多个国际硬奢品牌核心品类。

寺库全球知名意大利小家电品牌德龙（Delonghi）、法国十大高端纯天然护理品牌之一拉贝比（Le Bebe）、英国集宝集团集宝（Chubb Safes）、乐高（Lego）、施坦威（Steinway & Sons）、劳拉之星（Lurastar）、玻妞（Hobot）等国际品牌也达成了合作意向。

（三）直播

寺库正在培育奢侈品多元化销售渠道，除了和抖音快手等短视频头部企业持续合作以外，寺库也在打造自己的直播基地，试图建立起自己的线上渠道。寺库曾对外表示，公司会与直播 MCN 机构以及抖音、快手的主播合作，促成每日直播，接下来还将在全国多地搭建直播基地，打造全国性的奢侈品直播网络和全新交易场景。

2019 年 8 月，寺库就开始布局电商直播，2020 年初新冠肺炎疫情暴发后，寺库进一步加码直播领域，不断拓宽直播渠道。2020 年 12 月，寺库在北京三里屯寺库大厦搭建了首个奢侈品直播基地，总面积 7000m²，日均可容纳 300 名以上主播同时在线开播，目前已有 3800 个品牌与寺库直播基地达成合作，700 名小红书、B 站、视频号等社交平台达人参与造势。其中一层、二层为品牌二手区，三层为品牌新品区。整个展区可容纳 300 位主播，他们将以"走播"＋ 独立直播间等多种形式进行直播，真实还原线下购物的场景，展示的品牌多达 500 个，包括服装、箱包、鞋靴和配饰等。寺库将在全国多地搭建直播基地，打造全国性的奢侈品直播网络和全新交易场景。

（四）社交平台

奢侈品在线零售商寺库旗下的社交电商平台库店开通小程序商城"我的库云店"。该小程序商城内主要售卖范围包括食品、生鲜、百货、美妆、鞋服、轻奢等，首页展示每日主推商品，并且分时段售卖热销品。在达人分享功能中，超"库"好物为用户推荐商场中的热销商品。库店是上市公司寺库旗下社群零售平台，同步寺库供应链，享受寺库相同标准的鉴定与售后服务，为店主提供美妆个护、食品保健、家居生活、服饰轻奢等精品货源，兼具培训、一件代发、专属管家等服务。

基于社群、共享产业新模式，寺库打造了库店、TryTry 等新平台。库店以社群零售理念为基本，同步寺库供应链，享受寺库相同标准的鉴定，售后服务。TryTry 以共享理念为基础，提供全球品牌的奢侈品共享、租赁和置换服务，品牌正品无限试用。

过去 10 年间，寺库见证及引领了奢侈品在中国的变化，它不再是挂在金字塔尖的象征物，而是成了承载高端人群生活方式的模板。寺库通过更短的路径触及你想要的商品，通过更专业的服务帮你过滤出最具品位的生活方式。寺库的存在，旨在具体化高端生活方式的标准，让消费者拥有更好的生活，也让品牌实现更好的价值。

（五）高新智能

寺库利用物联网、智能终端设备、可穿戴设备技术感知用户兴趣，结合大数据行为分析进而了解用户需求，通过一系列智能化手段为用户提供贴身服务及终身呵护。拥有国家鉴定估价师、皮革高级工程师、腕表高级工程师，美国宝石学院（Gemological Institute of America，GIA）认证高级工程师，鉴定皮革制品、钟表制品、珠宝玉石制品等。

2019 年 2 月 11 日，寺库集团宣布区块链技术再升级，并与区块链基础设施技术平台 Ultrain 达成战略合作，共同搭建"全球奢侈品消费联盟链"。据悉，未来寺库将通过正品鉴定数据、AI 鉴定识别技术，与 Ultrain 的区块链溯源技术相结合，让奢侈品鉴定实现"一秒验真假"。

寺库与 Ultrain 达成的"全球奢侈品消费联盟链"目前主要以寺库及其他合作方共同提供相关溯源信息上链，用户和合作伙伴都可以通过使用这个联盟链来查询相关商品。通过此次合作，寺库区块链将依托"基于 VDF 的 R-PoS 共识算法""随机动态分片技术""可编程零知识证明"三大技术突破、解决区块链技术商业落地中面临的 TPS 低、使用成本高、缺乏隐私保护的核心痛点，实现高性能、低成本、高安全的区块链信任计算服务平台。寺库将以联盟链为基础，未来布局发展 C2C 交易平台、高端消费品的交流社群、知识图谱、积分互换等一系列区块链服务，为品牌商、渠道商、贸易商、交易平台、检验机构等提供区块链技术赋能。

四、机遇与挑战

（一）机遇

由于消费者被迫闭门不出，2020 年上半年全球线上零售额有所增长，在 4 月达到顶峰，同比增长 209%，促使许多品牌加速数字化进程并提供数字电子商务解决方案，包括"即看即买"的直播等形式。麦肯锡则预计，到 2025 年，全球奢侈品市值将增加 1 万亿元，达到 2.7 万亿元，而中国消费者将消化掉全球市场 44% 的奢侈品。中国奢侈品市场早已回暖，根据贝恩发布的《2020 年中国奢侈品市场：势不可挡》显示，2020 年全球奢侈品市场萎缩 23%，但中国境内奢侈品消费逆势上扬 48%，达到 3460 亿元，预计到 2025 年中国将成为全球最大的奢侈品市场。

（二）挑战

国内电商平台京东、天猫，服饰电商平台唯品会，国外奢侈品电商发发奇，奢侈品自主电商等，都增加了奢侈品的销售和供应。

对于寺库来说，在电商巨头发力奢侈品的情况下，试错的成本过高，一旦出现问题，便会失去先发者的优势，难以在奢侈品电商赛道中再次跑赢。因此，寺库更应该找准自身的定位，从而应对未来的发展和即将面临的竞争。

首先，将多元业务趋于专业化。无论是种草、直播带货还是短视频推广，奢侈品营销对专业性的要求无疑会更高，在货物正品前提保障下，主播和博主的专业技能也需要进一步提升，只有在货品质量、直播专业度、粉丝积累都达标的前提下，才能够进一步实现品牌营销的目的，达成品效合一。

其次，做好售后和服务。在黑猫投诉平台上，有关寺库的投诉量已经超过 500 条，其中消费者大多反映"寺库虚假信息发货超时""服务质量不佳""售后难以解决"等问题。对于寺库来说，做好售后和服务，让消费者在线上也能体验到不亚于线下专柜的服务，更是未来奢侈品电商平台的竞争优势之一。

据了解，未来寺库还将持续加大对于奢侈品直播业务的布局。但目前来看，寺库未来的发展承担着不小的压力。因此，在先发优势的前提下，夯实自己的内功，做好平台的优化，找准定位才能真正将自己的优势放大。

价格高昂的奢侈品和普惠的电商本就有一定的冲突在，而如今寺库又将奢侈品拉入优惠力度更大的直播间中，这种模式并不是完全不能跑通，寺库更需要找准自己的定位去脚踏实地前进，取得更好的发展机会。

对于大多数消费者而言，奢侈品并不属于"可以复购"的范围，这也让奢侈品电商平台陷入了复购率过低的困境。一个电商平台总不能只依靠新用户的一次消费支撑自身平台的发展，更何况奢侈品电商的用户数量本就有限。

多数顶级品牌并不想将电商业务委身于人，路易威登（Louis Vuitton）、纪梵希（Givenchy）、迪奥（Dior）等产品的所属公司，全球最大奢侈品集团 LVMH 集团旗下品牌所有在线销售均为自营，而且该集团在 2017 年还推出了多品牌电商平台 24 Sèvre，面向全球超过 80 个国家销售，为其他品牌提供销售平台面。

腾讯《2020 中国奢侈品消费者数字行为洞察报告》显示，社交零售正在进一步加速改变消费品零售以及奢侈品零售的格局。而 2019 年的数据则显示，有超过 80% 的中国消费者在购买奢侈品时会选择线上研究、线下购买的方式，这一比例远高出全球平均水平。也就是说，线上选品、线下交易是奢侈品与互联网结合的主要形式，所以，单纯做线上交易的电商模式本身就具有一定局限性。

全球著名的时尚奢侈品电商 Yoox Net-a-porter 提供包括古驰（Gucci）、蔻依（Chloé）、Prada 在内超过 800 个人气设计师品牌以及 200 个专业美容品牌，品类包括成衣、包袋、鞋履、美妆等。公司于 2015 年 10 月在意大利证券交易所上市，2017 年全年交易额就突破 20 亿欧元，即使 YNAP 在欧洲、美国市场拥有强势话语权，市场占有率较高，但是无奈股价表现一直不尽如人意。2018 年 6 月公司被迫选择私有化退市。

奢侈品直播面临信任危机，且价格过高，难以走量。从主营业务本身来看，在电商巨头发力奢侈品的前提下，寺库的试错成本明显提高，一旦出现问题，便会失去先发者的优势。因此，寺库更应该找准自身的定位，努力应对未来的发展和即将面临的竞争。

五、总结与展望

寺库扩大了高端品牌供应能力，加深了产品护城河。寺库不断在高端品牌供应端发力，用产品巩固自身的优势。同时，谋求多元渠道，加强和战略合作伙伴的合作。寺库正在培育奢侈品多元化销售渠道，除了和抖音快手等短视频头部企业持续合作以外，寺库也在打造自己的直播基地，试图建立起自己的线上渠道。

（刘娜）

本章参考文献

[1]李日学.上市当天股价就下跌，对我是一次考验[J].中国企业家，2018（10）：26.
[2]孙冰.奢侈品傍电商零售胜算几何[J].中国经济周刊，2018（34）：72-74.

ii

第二篇
专题理论篇

第七章
可持续时尚评价指标体系的构建

近年来，环境问题已成为全球性问题，纺织产业更是被认为造成世界海洋塑料污染的罪魁祸首之一。对于可持续时尚，最早可追溯到联合国新闻部与非政府组织会议中最早提出"时尚与可持续发展"这一概念。之后20世纪80～90年代欧美时尚界掀起反皮草运动，时尚理论界重要人物凯特·福莱特（Kate Fletcher）成立了慢时尚和可持续设计研究中心，对可持续时尚概念给出了自己的解释。随着行业对可持续时尚关注度不断提升，国内外学者开始对可持续设计、采购、生产、销售等方面进行了研究。

一、可持续时尚概述

（一）可持续时尚理论综述

为了更好地构建可持续时尚评价指标体系，首先对可持续时尚的概念进行界定。可持续时尚是基于供应链的时尚产品全生命周期的一系列环境友好型生产发展行为。具体讲就是以可持续的方式进行设计、原料采购、生产、销售和回收利用服装、鞋帽、配饰等，并考虑到整个过程对环境和社会经济所造成的影响。

国内外对可持续时尚的研究成果主要体现在可持续设计、可持续采购、可持续生产、可持续消费、回收再利用等角度上。在可持续性设计和采购方面，尼尼马克和科斯基宁（Niinimaki & Koskinen，2011）在其文章中指出可以利用延长时尚产品生命周期来促进可持续发展。可持续设计方面主要是对设计原则和方法运用上，如加拿大设计师艾米莉·蒙格莱恩（Amelie Mongrain）提出的可持续设计6R原则，国内学者贾曙洁（2018）通过研究服装重组再利用设计手法，对旧衣进行改造；在可持续采购方面，约根森（Jørgensen）指出企业可以通过公司内部、供应商、市场等驱动因素来改变整个供应链，从而促进企业可持续化发展。耶利科·斯德威齐（Jželjko STEVIĆ，2019）利用模糊层次分析法评估供应商，其重点放在可持续评价机制和供应商选择策略上；在生产方面，国内学者薛洋基于灰色关联法对纺织企业绿色生产绩效构建了"绿色研发能力指标、绿色生产能力指标、绿色产品认同指标、绿色文化能力指标"四个一级指标并进行了案例分析；在可持续销售方面，耶尔萨瑟（Jelsasser，2011）从消费行为角度研究可持续消费对可持续时尚发展的影响，朱明洋和林子华（2015）初步探讨了商业模式的可持续动机，并对未来发展趋势进行了展望。国内外学者都从可持续时尚的各个具体方面探讨了可持续时尚相关理论，为本文提供了相关理论基础。

（二）可持续时尚发展现状

从相关组织或协会来看，早在 2017 年，联合国纽约总部就举办了一场独特的环保时装秀，旨在引导人们对可持续时尚与社会发展的深入思考。总部位于哥本哈根的全球时尚议程（Global Fashion Agenda）与波士顿咨询公司（Boston Consulting Group）联手于 2017 年发布了《时尚产业脉搏》报告，该报告直接针对时尚行业，明确指出了通过实现可持续发展可带来的业务机遇。另外，可持续服装联盟（Sustainable Apparel Coalition，SAC）基于环境层面给出相关评估工具 Higg 指标，全球报告倡议组织（Global Reporting Initiative，GRI）基于经济、环境、社会三个层面给出可持续发展报告指南，成为企业开展三重绩效评价的重要工具。

从相关企业可持续时尚实践看，开云集团开发了一个可以衡量和量化其经营活动对环境造成影响的评估工具——环境损益表（EP&L）。国内企业如意集团同全球 32 家时尚纺织巨头共同签署了《时尚公约》。

二、可持续时尚评价指标选取

（一）相关评价指标分析

评价指标体系是指由表征评价对象各方面特性及其相互联系的多个指标所构成的具有内在结构的有机整体。目前，国际上使用比较广泛且较全面的可持续性评价指标体系有 GRI 指标体系和 Higg 指标体系等。另外，还有一些比较有针对性的评价标准，如"Oeko-Tex Standard 100"绿色生态标签、蓝色生态标签等第三方认证标准。这些评价指标体系对本文可持续时尚评价指标体系的构建有着十分重要的参考价值。

GRI 指标体系是指由全球报告倡议组织（GRI）推出的可持续报告《指南》，其既是重要的社会责任信息披露指引，也是企业开展经济、环境、社会绩效评价的重要工具。Higg 指数指标体系是服装行业一个主要的指标性基础工具，它主要衡量和评价整个供应链中品牌商、工厂和产品等各级企业组织环保性，是一套创新性的自我评估工具。

（二）指标体系拟定

从相关评价指标体系整理分析中发现，当下对可持续性评价比较完整的评估工具还较少。但行业内正在尝试构建更加适用的可持续时尚评价工具，如可持续服装联盟（SAC）参考了许多业内现有的标准，正在研发使客户更容易对品牌商、制造商和具体产品进行可持续评价的持续时尚评价指标。参考以上评价指标，基于生命周期的各个环节拟定的指标体系分为三个层级，其中目标层是可持续时尚；准则层是可持续设计、可持续采购、可持续生产、可持续销售、回收再利用；具体指标层为方案层。详细指标见表7-1。

表 7-1　可持续时尚拟定指标筛选表

目标层	准则层	指标层	范畴
可持续时尚	可持续设计	原材料利用率	低能耗设计
		易加工程度	
		产品可循环利用程度	耐用设计
		产品可降解程度	环保设计
	可持续采购	可再生面辅料比重	原材料
		可回收面辅料比重	
		环境标准筛选的供应商比重	供应商
		供应商绿色认可度	
	可持续生产	使用再生能源比重	清洁生产能力
		废水生产量	
		温室气体排放量	
		噪声水平	
		固体废物排放量	
		节能设备利用率	低耗生产能力
		取水与排水量比	
		减少的能源消耗量	
		减少的水源利用量	

目标层	准则层	指标层	范畴
可持续时尚	可持续生产	可持续产品开发率	创新生产能力
		可持续工艺专利数	
		可持续生产技术研发比重	
	可持续销售	包装材料重复利用率	包装
		绿色运输工具比重	运输
		可持续产品盈利率	营销
		产销比	
		品牌形象认可度	
	可持续回收	废旧产品回收利用率	产品回收
		三废回收利用综合率	废水、气、物
		废弃物无害化处理成本	成本

三、可持续时尚评价指标体系构建

（一）构建原则与方法

　　可持续时尚评价涉及指标众多，为构建一套科学合理的评价可持续性的指标，本文构建原则为：科学性原则、全面性原则、代表性原则、适用性原则四个基本原则。指标筛选和优化的方法是德尔菲法。本文实施德尔菲法的主要步骤是：成立专家组、明确问题并编制咨询问卷、发放问卷、回收与整理匿名问卷数据、反馈和再次咨询。具体地，在咨询问卷设计中，本文共涉及两个不同的问卷"可持续时尚评价指标构建——专家咨询问卷（第一轮/第二轮）"和"可持续时尚评价指标体系权重确立——专家咨询问卷"。问卷采用李克特五级量表，通过专家对各个指标的重要性打分来衡量此指标选取的合理性，通过"专家选择的判断依据"和"对调查内容的熟悉程度"来衡量数据的可靠性。

　　在具体实施德尔菲法环节，本文成立的专家组共23人。其中，北京服装学院专家8位，包括5位教授、3位服装设计专业研究生；行业内专家15位，包括设计师5名，市场运营等人员10名。专家咨询问卷主要通过邮件或发送线上问卷方式发放问卷。在问卷主体前先告知专家研究目的、问卷填写要求以及回收期限。在指标筛选阶段，专家咨询进行了两轮，意见一致性达到 80% 以上，停止发放问卷。

（二）确定指标体系初步模型

通过整理和分析专家咨询问卷数据，得到的结果为：在专家积极性方面，所有专家都在规定期限内回复问卷，两轮咨询有效回复率均为 100%；从指标平均值、指标满分频率、专家意见协调度来看专家意见集中度，其中第一轮指标平均数在 3.88～4.79。第二轮在 3.88～4.78（满分为 5）；满分频率第一轮在 0.39～0.87，第二轮在 0.43～0.8。第一轮专家变异系数均小于 0.05。说明第一轮专家意见有些分散，经过修正第二轮专家意见相对集中，专家意见集中度符合要求；专家权威度（CR）$= \dfrac{Ca + Cs}{2}$，其中 Ca 指专家对指标作出判断的依据；Cs 指专家对指标的熟悉程度，在两轮咨询问卷中专家权威度（CR）分别为 0.77 和 0.78，均大于 0.7，说明咨询结果可靠。

经两轮专家咨询，专家意见趋于一致。删除了均值 $M_j < 0.4$，满分率 $K_j < 0.5$ 的指标"噪声水平""使用再生能源比重""固体废物排放量""取水与排水量之比""可持续生产技术研发比重""可持续产品盈利率""平均产销比""可持续工艺专利数"；经过专家探讨和咨询将"可再生面辅料比重"与"可回收面辅料比重"合并为"环境友好型面辅料比重"，"可持续产品开发率"调整到"可持续销售"一级指标下，最终结果形成了由 5 个一级指标和 20 个二级指标组成的可持续时尚评价指标体系，指标体系初步模型见表 7-2。

表 7-2 可持续时尚评价指标体系初步模型

目标层	准则层	指标层
可持续时尚	可持续设计（A）	材料利用率（A1）
		易加工性（A2）
		平均使用寿命（A3）
		可降解性（A4）
	可持续采购（B）	环境友好型面辅料比重（B1）
		环境标准筛选的供应商比重（B2）
		采购透明程度（B3）
		供应商绿色认可度（B4）

目标层	准则层	指标层
可持续时尚	可持续生产（C）	废水生产量（C1）
		温室气体排放量（C2）
		节能设备利用率（C3）
		减少的能源消耗量（C4）
		减少的水源利用量（C5）
	可持续销售（D）	绿色运输工具比重（D1）
		包装材料重复利用率（D2）
		可持续产品开发率（D3）
		品牌形象认可度（D4）
	可持续回收（E）	废旧产品回收利用率（E1）
		三废回收利用综合率（E2）
		废弃物无害化处理效率（E3）

四、可持续时尚评价指标体系定量分析

（一）层次分析法定量分析步骤

层次分析法即是把复杂问题进行多层级分解处理，一般划分为总目标层、方案层、子目标层和准则层等，并建立判断矩阵，分析单层级内某一子元素关于父元素的重要程度，之后通过数学方法获取各元素的权重值。本研究借鉴萨蒂（Saaty）比例标度法，通过向专家（时尚行业人士、学者、可持续认证机构人员等）咨询，对课题研究中的每一个评价指标相对于其他指标的重要程度给予打分评价，构造出每一层级的判断矩阵，共建立了 6 个判断矩阵。判断矩阵用 C_1–P、C_2–P、C_3–P、C_4–P、C_5–P、C_6–P 来表示，根据实际可知：$p_{ii}=1$，$i=j$；$p_{ij}=1/p_{ji}$，$i \neq j$，以标准层 C_1–P 为例：

$$C_1 - P = \begin{bmatrix} 1 & p_{12} & p_{13} & p_{14} & p_{15} \\ p_{21} & 1 & p_{23} & p_{24} & p_{25} \\ p_{31} & p_{32} & 1 & p_{34} & p_{35} \\ p_{41} & p_{42} & p_{43} & 1 & p_{45} \\ p_{51} & p_{52} & p_{53} & p_{54} & 1 \end{bmatrix}$$

然后是层次单排序，计算各判断矩阵最大特征值 λ_{max} 及对应特征向量 $\overline{\omega}_i$，本论文采用方根法进行计算。最后是一致性检验。一般当 $CR<0.1$ 时，则认为计算的层次单排序的结果符合一致性检验的要求；反之，需要对判断矩阵各指标的取值进行调整，重新计算，然后进行总排序。

（二）数据收集与权重计算

本文权重打分阶段从专家组中选择的"对可持续时尚熟悉"的 12 位专家，共发放和收集到 12 份有效问卷，得到 6 个判断矩阵。以相对目标层的判断矩阵 $\boldsymbol{C}_1-\boldsymbol{P}$ 为例，可以算出由公式 $M_i=\prod_{i=1}^{5}p_{ij}$ 得：M_1=13.5，M_2=0.2222，M_3=72，M_4=0.0208，M_5=0.2222；

由公式 $\omega_i=\sqrt[n]{M_i}$ 得：ω_1=1.6829；ω_2=0.7402；ω_3=2.3522；ω_4=0.4611；ω_5=0.7402

对各向量 ω=（ω_1，ω_2，ω_3，…，ω_n）进行归一化处理，由公式 $\overline{\omega}_i=\dfrac{\omega_i}{\sum\limits_{i=1}^{n}\omega_i}$ 得 ω_i=

（0.2816，0.1239，0.33936，0.30771，0.1239）。同理，利用 Excel 处理结果分别见表 7-3～表 7-7。

表 7-3　可持续设计 C_2-P 具体计算结果

指标	A1	A2	A3	A4	M_i	ω_i	ω_i	加权和	近似 λ
A1	1	2	2	1	4.0000	1.4142	0.3453	1.4106	4.0855
A2	1/2	1	1	1	0.5000	0.8409	0.2053	0.8274	4.0313
A3	1/2	1	1	1	0.5000	0.8409	0.2053	0.8274	4.0313
A4	1	1	1	1	1.0000	1.0000	0.2441	1.0000	4.0960

注　其中，$\sum\omega_i$=4.0960，λ_{max}=4.0604。

表 7-4　可持续采购 C_3-P 具体计算结果

指标	B1	B2	B3	B4	M_i	ω_i	ω_i	加权和	近似 λ
B1	1	1	1	2	2.0000	1.1892	0.2810	1.1270	4.0103

指标	B1	B2	B3	B4	M_i	ω_i	ω_i	加权和	近似 λ
B2	1	1	1	3	3.0000	1.3161	0.3110	1.2539	4.0319
B3	1	1	1	2	2.0000	1.1892	0.2810	1.1270	4.0103
B4	1/2	1/3	1/2	1	0.0833	0.5373	0.1270	0.5116	4.0299

注　其中，$\sum \omega_i$==4.2318，λ_{max}=4.0206。

表 7-5　可持续生产 C_4-P 具体计算结果

指标	C1	C2	C3	C4	C5	M_i	ω_i	ω_i	加权和	近似 λ
C1	1	1	1	1	1	1.0000	1.0000	0.1992	1.0000	5.1092
C2	1	1	1/2	1	1	0.5000	0.8706	0.1734	0.8858	5.1058
C3	1	2	1	1	1	2.0000	1.1487	0.2289	1.1734	5.1274
C4	1	1	1	1	1	1.0000	1.0000	0.1992	1.0000	5.0192
C5	1	1	1	1	1	1.0000	1.0000	0.1992	1.0000	5.0192

注　其中，$\sum \omega_i$=5.0192，λ_{max}=5.0972。

表 7-6　可持续销售 C_5-P 具体计算结果

指标	D1	D2	D3	D4	M_i	ω_i	ω_i	加权和	近似 λ
D1	1	1	2	3	6.0000	1.5651	0.3545	1.4217	4.0103
D2	1	1	2	3	6.0000	1.5651	0.3545	1.4217	4.0103
D3	1/2	1/2	1	1	0.2500	0.7071	0.1602	0.6455	4.0299
D4	1/3	1/3	1	1	0.1111	0.5774	0.1308	0.5273	4.0319

注　其中，$\sum \omega_i$=4.4146，λ_{max}=4.0206。

表 7-7　回收再利用 $C_6\text{-}P$ 具体计算结果

指标	E1	E2	E3	M_i	ω_i	ω_i	加权和	近似 λ
E1	1	1	1	1.0000	1.0000	0.3333	1.0000	3.0000
E2	1	1	1	1.0000	1.0000	0.3333	1.0000	3.0000
E3	1	1	1	1.0000	1.0000	0.3333	1.0000	3.0000

注　其中，$\sum \omega_i = 3.0000$，$\lambda_{\max} = 3.0000$。

一般认为 $CR < 0.1$ 时，计算的层次单排序的结果符合一致性检验的要求。通过计算公式 $CR = \dfrac{CI}{RI}$，$CI = \dfrac{\lambda_{\max} - n}{n-1}$，再通过查阅 CI 数值表，计算结果见表 7-8。

表 7-8　单层次一致性检验结果

指数	$C_1\text{-}P$	$C_2\text{-}P$	$C_3\text{-}P$	$C_4\text{-}P$	$C_5\text{-}P$	$C_6\text{-}P$
CI	0.0243	0.0201	0.0069	0.0145	0.0069	0.0000
RI	1.1200	0.8900	0.8900	1.1200	0.8900	0.5200
CR	0.0217	0.0226	0.0077	0.0130	0.0077	0.0000

由表 7-8 易知各判断矩阵均符合 $CR < 0.1$，一致性检验通过，则可得出可持续时尚评价指标体系的各层指标权重，具体见表 7-9。

表 7-9　可持续时尚评价指标体系指标权重

目标层	准则层	一级权重	指标层	二级权重
可持续时尚	可持续设计（A）	0.2816	材料利用率（A1）	0.3453
			易加工性（A2）	0.2053
			平均使用寿命（A3）	0.2053
			可降解性（A4）	0.2441
	可持续采购（B）	0.1239	环境友好型面辅料比重（B1）	0.2810
			环境标准筛选的供应商比重（B2）	0.3110
			采购透明程度（B3）	0.2810
			供应商绿色认可度（B4）	0.1270

目标层	准则层	一级权重	指标层	二级权重
可持续时尚	可持续生产（C）	0.3936	废水生产量（C1）	0.1992
			温室气体排放量（C2）	0.1734
			节能设备利用率（C3）	0.2289
			减少的能源消耗量（C4）	0.1992
			减少的水源利用量（C5）	0.1992
	可持续销售（D）	0.0771	绿色运输工具比重（D1）	0.3545
			包装材料重复利用率（D2）	0.3545
			可持续产品开发率（D3）	0.1602
			品牌形象认可度（D4）	0.1308
	可持续回收（E）	0.1239	废旧产品回收利用率（E1）	0.3333
			三废回收利用综合率（E2）	0.3333
			废弃物无害化处理效率（E3）	0.3333

五、结论与展望

本文运用德尔菲法和层次分析法构建了基于时尚产品全生命周期的可持续时尚评价指标体系。从本文构建的可持续时尚指标体系各级指标权重中，可以发现"可持续生产"是可持续时尚发展当下最关注的方面，它相对于可持续时尚目标层的权重是 0.3936。其次是"可持续设计"，权重是 0.2816，而在五个准则层中，"可持续销售"被认为是最不重要的，其权重只有 0.0771。可以认为生产和设计环节是当下企业开展可持续时尚发展的核心环节。在具体方案层指标中，可持续设计层中"材料利用率"权重最大，权重为 0.3453；可持续采购层中"环境筛选的供应商比重"指标权重最大，权重为 0.3111；可持续生产中"节能设备利用率"权重最大，权重为 0.2289；可持续销售层"绿色运输工具比重"和"包装材料重复利用率"并列权重第一，权重为 0.3545；回收再利用层中三个具体指标权重相同，都为 0.3333。可以认为提高材料利用率、选择符合环境要求的供应商、节能减耗是企业可持续发展需要首先关注的问题。

本文主要站在企业角度，基于时尚产品全生命周期五个环节构建评价指标体系，省略了消费者角度的可持续消费部分。未来希望其他学者能更加全面地研究可持续时尚指标体系。

（赵洪珊　王换杰）

本章参考文献

[1] 杨涛声 . 联合国会议："全球第二大用水大户"时尚行业如何解决可持续发展和环境污染问题 [EB/OL] . 2018-03-06. https://luxe.co/post/78004.

[2] JUNG，S.&Jin，B.A theoretical investigation of slow fashion：sustainable future of the apparel industry [J].International Journal of Consumer Studies，2014（5）：510-519.

[3] NIINIMÄKI K, KOSKINEN. I love this dress，it makes me feel beautiful! Empathic knowledge in sustainable design [J]. The Design Journal, 2011（2）：165-186.

[4] 贾曙洁 . 可持续时尚—服装重组再利用设计研究 [D]. 北京：北京服装学院，2018.

[5] JØRGENSEN M S, JENSEN，C L.The shaping of environmental impacts from Danish production and consumption of clothing [J].Ecological Economics，2012：164-173.

[6] STEVIĆ ŽELJKO，VASILJEVIĆ MARKO.Evluation of suppliers under uncertainty：a multiphase approach based on fuzzy AHP and fuzzy EDAS [J]. Transport，2019（34）：52-66.

[7] 薛洋 . 基于灰色关联分析法的纺织企业绿色生产绩效评价 [D]. 西安：西安工程大学，2012.

[8] 朱明洋，林子华 . 可持续商业模式的概念化及其研究展望 [J]. 上海对外经贸大学学报，2015，22（2）：39-48.

[9] 张彩霞，张天梦 . 基于全生命周期的汽车产品绿色供应链评价指标体系研究 [J]. 河北经贸大学学报：综合版，2019，19（2）：37-40，74.

[10] 郭淼 . 纺织服装产品生命周期评价方法初探 [J]. 纺织导报，2003（1）：70-73.

[11] 陈李红，严新锋 . 基于网络层次分析法的纺织服装产业可持续竞争力评价 [J]. 纺织学报，2018，39（10）：162-167.

第八章
直播电商赋能服装企业

　　直播电商是以直播＋电商模式的一种新的推销手段，直播为工具，电商为基础，通过直播为电商带来流量，从而达到为电商销售的目的。2020年，新冠肺炎疫情的蔓延，给服装行业带来巨大的冲击，服装品牌举步维艰。直播电商作为一种新模式，以高性价比的产品供应链为依托，通过强化互动体验和消费场景，能够有效拉动消费需求、充盈产业生态。因此，直播电商赋能服装企业以实现高质量发展变得越发重要。

一、国内网络直播的兴起与直播电商的发展

　　国内直播电商的快速发展离不开网络直播的兴起，如图 8-1 所示。

（一）国内网络直播兴起

　　2005年，以 YY 语音等为代表的网络直播平台开始陆续进入市场，其主要运营模式是秀场直播互动、观众打赏，受限于当时的网络技术，用户主要通过语音，并用电脑收听和互动，网络直播处于探索期。2014年，随着游戏市场的快速扩张和游戏用户黏性高的特点，斗鱼、虎牙、花椒等游戏直播平台快速兴起，"一人直播、众人围观"的模式逐渐流行起来。例如，2015年花椒直播上线，日活就突破 500 万，移动端月活也突破 1000 万，成为行业领先的直播平台之一。2005～2015年，国内网络直播从探索到兴起，虽然这一阶段电商还并未涉足直播领域，但网络直播却为日后的直播电商市场培育了数量可观的用户。

（二）国内直播电商的发展

　　1. 直播电商平台布局阶段（2016～2019年），细分与规范直播市场

　　由于用户需求得到更大的激发与满足，技术进步降低了准入门槛，多方商业资本注入网络直播行业，直播行业在这一阶段蓬勃发展。2016年网络直播领域内发生了

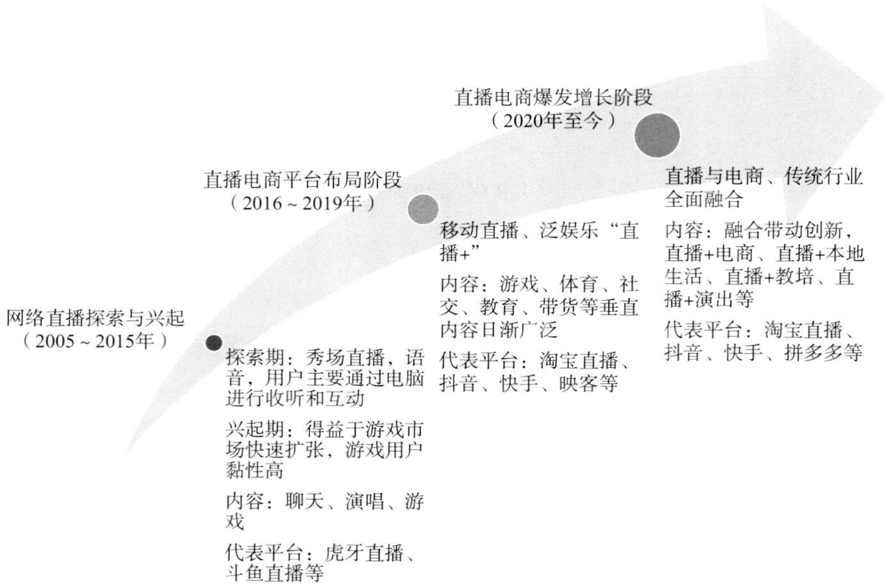

直播电商爆发增长阶段
（2020年至今）

直播电商平台布局阶段
（2016～2019年）

直播与电商、传统行业
全面融合

内容：融合带动创新，
直播+电商、直播+本地
生活、直播+教培、直
播+演出等

代表平台：淘宝直播、
抖音、快手、拼多多等

移动直播、泛娱乐"直
播+"

内容：游戏、体育、社
交、教育、带货等垂直
内容日渐广泛

代表平台：淘宝直播、
抖音、快手、映客等

网络直播探索与兴起
（2005～2015年）

探索期：秀场直播，语
音，用户主要通过电脑
进行收听和互动

兴起期：得益于游戏市
场快速扩张，游戏用户
黏性高

内容：聊天、演唱、游
戏

代表平台：虎牙直播、
斗鱼直播等

图 8-1　网络直播的兴起和直播电商的发展

许多重大事件，尤其是 4 月 21 日，网红 papi 酱的广告拍卖直播由 21.7 万元起拍，到 2200 万元落槌，引起轩然大波，被称为新媒体营销史上的第一大事件。多样化的移动直播带来了泛娱乐类直播或称"泛生活类"直播，内容涵盖了美食、时尚、户外以及音乐等，用户根据生活中的不同兴趣而聚集在一起观看，"兴趣"是该类直播平台的核心所在，该类直播的流行宣布了全民直播时代的到来。2016 年也被称为"直播电商元年"，2016 年 6 月 20 日晚 8 点，张大奕开通了淘宝直播间，这次直播的观看人数超过41 万，点赞数超过 100 万。截至晚上 10 点，店铺成交额近 2000 万元，刷新了由淘宝直播间向店铺进行销售引导的销售记录。各大平台开始布局直播电商，2016 年，淘宝、京东、蘑菇街、唯品会等电商平台纷纷推出直播功能，开启直播导购模式；快手等直播平台则与电商平台或品牌商合作，布局直播电商业务，网络直播市场也重新进行了细分。

　　随着网络直播行业的迅速发展和网络用户群体规模的不断增长，直播领域内也出现了许多问题，例如行业内部的不良竞争、平台和主播的恶意炒作、直播内容低俗等现象，深刻影响着网络直播市场的秩序和规范。直播行业内的乱象与问题频发也引起了国家相关部门的重视。2016 年 11 月 4 日，国家互联网信息办公室发布了《互联网直播服务管理规定》，标志着网络直播市场进入规范化发展阶段。

2. 直播电商爆发增长阶段（2020 年至今），实现全面融合与深化

2019 年，"云购物""云学习""云演出"等各种各样的直播层出不穷，加上 2020 年的新冠肺炎疫情刺激了"宅经济"，网络直播呈现爆发增长，根据《2020 年中国网络表演（直播）行业发展报告》显示，截至 2020 年底，我国直播用户规模已经达到 6.17 亿，全行业网络主播账号累计超过 1.3 亿，我国网络表演（直播）行业市场规模达到 1930.3 亿元。同时，直播与电商以及传统行业进一步融合，融合带动了创新，直播 + 电商、直播 + 本地生活、直播 + 教培、直播 + 演出等。中国直播电商的发展进入多维发展、多强并行的阶段，代表平台有淘宝直播、抖音、快手、拼多多等。

二、国内直播电商行业概述

（一）市场规模

直播电商行业作为近年来高速发展的网络购物形态，市场规模不断扩大，根据网经社电数宝数据库和艾媒咨询数据显示，2019 年，我国直播电商行业用户 2.5 亿人，市场规模达 4338 亿元，增长率 226%；2020 年直播电商行业用户 3.72 亿人，市场规模达 9610 亿元，增长率 122%；2021 年中国电商行业直播用户规模为 4.64 亿，市场规模达 12012 亿元，具体如图 8-2 和图 8-3 所示。

图 8-2　2016～2022 年中国直播电商行业用户规模及增长率

（二）市场格局

按市场规模来看，2020 年我国电商直播的竞争形态可分为三大梯队，第一梯队是淘宝直播平台，市场份额占比最大；第二梯队是快手、抖音两大短视频平台；第三梯

图 8-3　2017～2025 年中国直播电商市场规模预测

数据来源：艾媒数据中心（data.iimedia.cn）

队是京东、拼多多、唯品会等平台，如图 8-4 所示。从市场交易规模上看，据网经社电数宝数据库显示，2020 年淘宝直播带来的 GMV（成交额）4000 亿元，占比约达38.1%；快手 GMV 达 3812 亿元，市场份额占比约达 36.3%；据《晚点 LatePost》消息，抖音 GMV 超 5000 亿元，这 5000 亿元的 GMV 中，只有 1000 多亿是通过抖音小店完成的，3000 多亿则由直播间跳转至第三方平台，即京东、淘宝等完成，严格按照阿里巴巴、京东、拼多多财报里的统计口径，抖音 2020 年 GMV 只有 1000 多亿元❶，市场份额占比约达 9.5%。随着各直播电商品牌平台发力，市场格局发生较大变动，如图 8-5 所示。

图 8-4　主要直播电商平台梯队分布

---

❶ 前瞻产业研究院。2021 年中国直播电商行业竞争格局及市场份额分析［EB/OL］.https://bg.qianzhan.com/trends/detail/506/211009-58c0d6f2.html，2021.

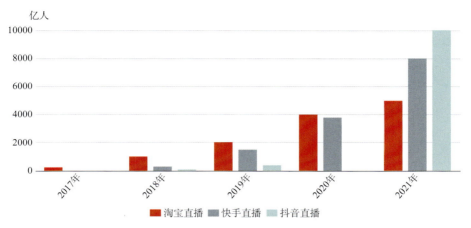

億人

图 8-5　淘宝直播、快手直播、抖音直播交易规模对比及预测

（三）直播电商产业链

上游为品牌商家，包括品牌主、批发商、工厂等。中游为直播机构＋服务商（提供供应链资源、品类、数据服务、代运营、场地等服务）。下游为电商平台和消费者，其中电商平台包括两种形式，即电商平台内嵌和流量平台变现，电商平台内嵌如淘宝直播、京东直播、拼多多直播等，流量平台变现如快手直播、抖音直播等。具体如图 8-6 所示。

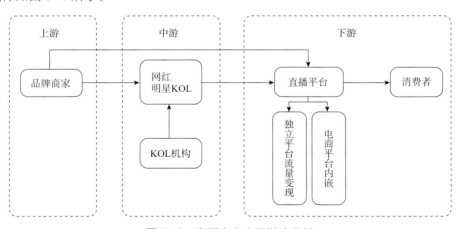

图 8-6　直播电商上下游产业链

三、服装企业直播电商策略分析

随着直播带货如火如荼地发展，服装企业选择直播带货模式也呈现出多样化，但不管模式如何，其最终目的之一都是提高商品或服务的转化率。

（一）直播电商平台选择策略

淘宝直播、抖音和快手是目前国内最主要的三大直播带货平台，从流量规模看，根据艾媒北极星显示，2021年5月，淘宝APP月活44136.09万，抖音APP月活55648.27万，快手APP月活43061.58万，其他比较分析见表8-1。服装企业选择直播电商平台，主要是分析哪个直播平台比较适合服装品类以及所面对消费者在哪里，同时，服装企业的网上店铺是入驻了哪个或哪些直播电商平台，以快速形成完备的产业链。此外，根据预测及三大直播电商平台在近两年战略的变化，服装企业及商家也应及时调整策略。例如，淘宝直播的初衷是为平台创造流量，以进一步提升用户留存、转化、客单及时长，并成为淘系独立流量来源。未来淘宝直播将创造销售非闭环逻辑，产生连带购买，并持续保持高停留、高复购、高转化来驱动GMV增长。快手直播则会从私域流量变现转变为带货潜力强的自建小店，抖音直播将从平台流量变现转变为大的淘宝客及自建小店。

表8-1 主要直播电商平台比较

直播电商平台	淘宝直播	快手	抖音
直播方式	商家直播室直播；个人主播室直播	快手账号直接直播	抖音账号直接直播
流量来源及特点	公域流量；头部意见领袖（KOL）有大量私域流量，规模效应明显	偏私域流量	公域流量，并按流量集中算法分发，以内容为主要流量分发逻辑；头部网红流量分散，私域流量未建立
带货主播类型	商家和达人主播带货直播	网红秀场和网红带货	网红主播娱乐、带货
带货商品属性	全系产品和服务	低价产品为主；日用品、食品、服装、鞋帽品类比较齐全，客单价会比较低	以服装百货和美妆占比较高

直播电商平台	淘宝直播	快手	抖音
带货模式	商家和达人导购模式	达人直播、打榜等	短视频上热门＋直播带货；种草转化＋内容
适合对象	淘宝／天猫店铺的品牌或商家；品牌／机构培育的达人或主播	面向下沉三四线市场的大众消费品牌或创业者	有较好内容生产能力的品牌或机构或个人

除了上述淘宝直播、快手和抖音外，其他电商平台如小红书直播、京东直播、唯品会直播、拼多多直播、微博直播等，虽然在流量、GMV上目前和前三名的平台有差距，但是从长尾理论讲，长尾部分的每个平台的流量或者产品的销量比不上头部，因为长尾长，总的销量以及利润也可以作为一定的补充。因此，服装企业同时可以考虑选择第三梯队的直播电商。

（二）直播电商主播选择策略

网络直播的主播主要分为娱乐主播和带货主播。对于服装企业来讲，服装企业当然选择的是带货主播。带货主播是随着直播电商兴起的一个职业，不同于娱乐主播要有颜值和才艺，带货主播最看重的是主播的表达能力和控场能力。带货主播又可细分成达人主播、商家自播两类。一是达人主播，根据分级又可分为头部、腰部和尾部主播。例如，头部达人主播一般具备千万级的粉丝群体（微博），粉丝号召力巨大，达人主播一般是通过坑位费和带货佣金获得收入。不同类目的产品、不同级别的主播，所收取的坑位费都是不一样的，比如，某头部达人主播双十一当天，零食的坑位费为6万元。佣金则是根据主播在直播间的销售额得到一定比例的佣金。根据主播级别不同、产品不同，佣金的比例也不同，主播红人佣金大多集中在20%～40%。二是商家自播。商家自播是最近各大直播平台大力扶持的项目，特别是对很多工厂商家和中小卖家来说，组建一个自己的直播团队，老板甚至可以亲自上阵直播，产品可控、主播可控、供应链可控。例如，自鸿星尔克宣布向河南捐赠5000万元物资之后，引发了网友们支持国货的抢购热潮，其老板亲自上阵淘宝直播间，直播间互动频现金句，冲上热搜。据网经社数据显示，2021年7月23～24日，鸿星尔克品牌官方旗舰店淘宝直播间销售额突破1.07亿元，总销量64.5万件，直播间观看人次近3000万，直播间粉丝数1209万。此外，除淘宝直播间，鸿星尔克销售额在抖音同样创下破亿纪录。数据显示，连续直播近48小时后（7月23～24日），鸿星尔克抖音直播间点赞量达4.2亿，成为抖音直播最高纪录，鸿星尔克3个抖音直播间的累计销售额超过1.3亿元。

服装企业或品牌在选择主播时，需考虑上述两类带货主播的优缺点，根据企业自身情况选择合适的主播类型，为品牌带来价值。具体比较见表8-2。

表 8-2　直播带货主播特点

主播类型	优点	缺点	适用服装企业或情况
头部达人主播	拥有私域流量；带货能力强；有成熟、专业的选品团队；预热、传播、带货闭环运营	报价高，有品牌门槛，销售利润率低	知名品牌服装，尤其做新品曝光、预热可考虑优先找头部网红形成传播效应
腰部达人主播	有一定私域流量，报价适中	带货能力相对头部较弱，未形成口碑效应	中小服装品牌可尝试选择腰部网红做局部引爆、产品植入
尾部达人主播	报价低，可大量投放；有成长空间	带货能力弱，私域流量少，没有选品团队，口碑没有保证	新品牌做产品曝光、品牌传播
商家自播	内部培养；随时开播，直播频率高，人员成本较低；企业可控性强	无私域流量；培养周期长，带货能力弱；人员稳定性不能保证	所有服装企业或品牌

（三）直播带货时间选择策略

服装企业确定好直播带货平台、主播就位，还需要确定直播时间段。如果达人网红主播，其已经形成了固定的直播模式和时间，时间一到，粉丝自己会进入直播间，那商家自播的团队怎么确定直播时间段呢？具体见表8-3。

表 8-3　直播带货时间段选择

时间段	适合人群
轮流直播时段夜里场—上午场—下午场—晚上场	适合于新手和反应慢的主播和品牌，以及产品单一的主播和品牌

时间段	适合人群
轮流直播时段 上午场—下午场— 晚上场	适合于货源充足和店铺运营超优的主播和商家
晚上场时段	适合于有专业的电商团队和直播团队，以及高颜值的形象主播，还有过硬的供应链
夜里场时段	适合于产品单一、内容单一、反应迟钝、不想花太大精力、特别想快速看到效果商家新手直播，前提是其产品、直播内容、直播玩法吸引人
全天候直播	适合于商家直播，不停地换人直播，对供应链和团队要求高，适合于电商团队规模最低在 100 人以上的团队操作，同时有常规商家主播不低于 10 人标准的商家可不在这个范围内

无论服装企业选择在哪个时间段做直播，最好根据品牌的产品、定位，规划适合的栏目，以三天、一周、一月、三个月作为调整基数，一步步摸索出品牌的直播带货路径。直播的核心在转化率，不在观看人数。选好直播电商平台、找好主播、找准时间段，以三个月为周期做验证，做复盘，使企业的直播间迅速成长起来。

（四）直播电商内容创新策略

随着 2020 年直播电商给服装企业带来了巨大的风口，但也面临着直播带货内容日渐同质化的挑战，让直播更具内容化成为主播、平台和服装企业三方共同从红海中突出重围的关键策略。流量是直播电商的根本，而内容则是引流和留存的最有效手段之一。这就导致过去只需外部内容顶流的电商平台，现在得不断增加符合用户偏好的短视频、直播等内容形式。在当直播这一形式成为常态、主流之后，电商平台还得在此基础上丰富内容，才能够争夺到更多用户时长。回顾 2020 直播带货，从主播、平台和品牌三方的行动可以清楚看出其中变化：比起最初主播 + 助理搭配的填鸭式推荐和吆喝，未来直播的内容需要再次升级。

1. 跨界直播

2019 年 7 月，淘宝直播发布"启明星计划"，引入站外粉丝超百万，且在专业领域有影响力的明星、KOL、媒体来进行跨界直播，自此明星开始广泛走进直播间。这些明星等自带高关注度和话题的"内容"，虽然仍是要始终围绕商品进行直播，但分享自身的故事、与主播和粉丝互动这些环节已经在极大程度上丰富了电商直播内容。

2. 直播内容场景化

服装带货主播可从直播间走出去，将品牌活动、品牌故事、工厂探访、服装秀场等作为直播场景，在用户对直播感到疲倦时调节气氛，丰富直播内容，同时还能够帮助主播真正积累起粉丝群体，改变直播间货大于人、主播可替代性强的特性。

3. 直播内容＋社会责任

2020 年初武汉暴发新冠肺炎疫情，湖北经济亟待复苏。为解决农副产品滞销问题以及助力湖北企业复工复产，中央电视台、人民日报、新华社等主流媒体联合电商平台、生活服务平台、社交平台等分别启动了"谢谢你为湖北拼单""为鄂下单""买光湖北货行动"的大型公益活动，媒介融合下的直播带货把直播电商推向了新的高潮。2021 年 7 月，河南暴雨造成内涝，很多企业积极捐款捐物，网民看在眼里，涌进品牌直播间，纷纷下单，企业支持国家，网民支持企业，这其中不乏众多国内服装品牌，如鸿星尔克、安踏等。当然服装企业也不能将社会责任拿来作秀，而是应把社会责任始终贯穿在企业文化中，并可选择适当的媒体、适当时机传播出去，既有利于长期树立良好的企业形象，也能提高企业商品销售。

4. 直播内容短视频化

服装企业可将在直播带货过程中有代表性的、精彩的部分等剪辑成短视频，上传到社交媒体平台，形成直播内容的二次传播，进一步扩大宣传效果。例如，2021 年初，淘宝入局短视频，推出点淘 APP。点淘采取短视频＋直播的方式，打造更为丰富的内容生态，从业者可以通过美食、穿搭、幽默、教程等趣味短视频实现内容种草，打破直播间单一场景的局限。

2020 年的直播带货给了服装企业更多的思考空间，刺激企业重新思考人、场景、物品之间的关联，并且探索如何将高流量转化为实际购买力，这对于直播电商行业来说更具长远影响力。

四、服装企业电商直播升级策略

（一）"人货场"的重构与提升

传统电商的"人货场"经过直播电商后再次发生转变。"人"，消费者从主动消费变为被动消费，主动消费中搜索选品，需要一个长时间品牌导入的过程，但被动消费、口碑的传播会大大缩减用户的购物决策，消费者在直播间里可以用评论的方式，加强两者的交互，从而得到个性化的消费，提升用户体验。"货"与直播电商实现了去中间商、拉近产品原产地的目标。过去商家需要采购把货存进仓库后再上架，现在这一过程被略去，同时，视频代替了原来的图片展示，以一个更真实和直观的方式展示产品。所以，不管从货品的展示还是货源上，直播电商都更拉近了距离，缩短了决策时间。"场"，"千里眼＋顺风耳"的功能变成现实。依靠技术和设备的升级革新，商家通过手机直播可以在任何时间、任何场景展示产品，具有很强的时效性。

1. 直播电商之"人"

直播电商中的"人"包括两个人，即消费者和主播。直播间里的消费者基本是有较多的可支配时间，多数秉持金钱比时间更重要、对价格敏感、主观判断力较弱、容易受诱导的群体，因此，带货主播就成为直播间里那个更具主导权的"人"，但根据《2020Q1中国直播电商用户满意度专题调研报告》研究，主播素质参差不齐，出现了欠缺专业知识、对产品不负责、绕开平台私下交易等问题，这对主播的综合素质要求更高，从尾部主播到腰部主播再到头部主播，也需要更长的成长时间和更多的经验。从成功的头部主播看，其之所以成功，都有一个相似的背景经历：都在一线卖过货，非常懂得消费者的心理，也知道如何抓住产品卖点进行推销，这样的专业能力是非常难得的。

2. 直播电商之"货"

直播电商把互联网里"人找货"和"货找人"的模式变成了"人与人"之间的行为。"人"似乎成了直播带货的核心竞争力，千万网红主播都涌向了电商，希望从中捞一把金。然而事物的本质都是不能只看第一眼就能看到的东西，在表面的背后隐藏着的供应链才是真正的关键。

3. 直播电商之"场"

"场"就是直播电商平台。伴随着消费者的消费行为加速向线上转移，以及数字化基建的全面完善，新商业生态诞生，商业场景全面线上化，已然形成直播电商等新消费场，开启体验式、互动式消费盛宴。例如，直播电商热潮下，快手电商通过推出各类电商节活动，并携手央视新闻等权威媒体以及各界名人大咖，推动了直播经济的快速增长以及话题热度的破圈传播。

（二）核心竞争力从以流量升级到供应链能力

"直播电商"探索出了服装企业卖货的新模式和新思路，为企业带来了更多机遇。直播电商在最初爆火时，更多被提及的是哪位头部主播一场直播有多少观看人数，创造了多少销售额，有多少进账等，市场的关注点集中在吸引了多少流量，但消费者真正关心的是什么呢？说到底还是产品和价格，就是性价比。但是，直播只是解决销售端的问题，通过直播销售出去的货品，还是需要进货源、选品、仓储、分拣、包装、配送、信息处理、售后服务等供应端的环节。事实上，由于直播电商的迅速发展，供应端配套服务相对滞后，使直播带货在货源准备、商品质量、物流速度等方面出现了一些问题，已经对服装企业的供应链管理能力形成了严峻的挑战。因此，对服装企业、主播团队或MCN、直播电商来讲，除了主播孵化、内容生产、流量对接外，选品管控的能力提升、完善的供应链管理才是未来竞争的核心。例如，淘宝能在直播电商领域快速布局依靠的就是完善的供应链。之后发展起来的快手电商则通过"源头好物"、产业带、与京东以及国内外一线大品牌展开深入合作，快手小店接入淘宝、天猫、有赞等第三方电商平台等一系列市场布局，不断丰富品牌、商品生态，进一步提升了平台上商品的品质，也从商品供应端进行了补充和优化。

（三）构建与 MCN 的新合作模式

在直播电商爆发式增长后，有万亿市场规模，潜力充足，但是产业链的各端都暴露出一些困境与问题。对服装企业和商家来讲，培养自己的主播所需时间成本和货币成本都较高，抓住直播的风口是当务之急。对 MCN 机构来讲，头部主播人设与流量都难以复制，网红经济可持续性差，同时直播带货在多元化的直播平台中呈现差异化特点，跨平台复制也较难，作为直播电商中的一个"非必要"环节，MCN 需要寻找新的转型方向。因此，服装企业和商家构建与 MCN 的合作新模式显得尤为重要。MCN 选择之一就是向商家服务机构转型，如代运营机构、代播机构、代销机构、培训机构等，为企业、品牌、商家赋能，MCN 将会与品牌商家深度合作，并随着 MCN 整合供应链能力的持续升级，MCN 有望打造直播电商的"品牌孵化基地"，以"人"为主的网红经济模式有望向服务转型。

（王涓）

本章参考文献

［1］管星乐.当前我国网络直播时尚研究［D］.上海：华东师范大学，2018.

［2］张悌忠.网络直播背景下快时尚服装品牌的营销策略研究［J］.九江学院学报：社会科学版，2021（2）：120-121.

［3］梁龙.百企千店卖万货催生中国服装直播日［J］.中国纺织，2020（6）：104-105.

［4］赵敏.服装行业直播营销浅析［J］.商讯，2019（10）：177-190.

［5］招商证券.新零售行业研究之直播电商系列1：直播电商三国杀，从"猫拼狗"到"猫快抖"［EB/OL］.2020-03-20. https://zhuanlan.zhihu.com/p/114876197.

［6］艾媒咨询 . 2020 上半年中国在线直播行业研究报告［EB/OL］. 2020-08-14. https://www.iimedia.cn/c400/73538.html.

［7］许向东 . 我国网络直播的发展现状、治理困境及应对策略［J］. 暨南学报：哲学社会科学版，2018（3）：70-80.

［8］雷雪婷 . 浅谈直播带货背景下沉浸式商业模式对实体服装零售的启示［J］. 轻纺工业与技术，2020（7）：55-56.

［9］吕玥 . 2021 直播带货套路再升级：主播、品牌、平台齐向"内容"进发［EB/OL］. 2021-02-01. http://oppo.yidianzixun.com/article/0T2lrnLi.

［10］樊玉琴 . 内容创新与社会价值的耦合：媒介融合下的直播带货［J］. 采写编，2021（6）：19-21.

［11］蓝莓营销观察 . 搞懂平台、主播、时间段的选择，品牌直播带货转化率翻倍［EB/OL］. 2020-04-15. https://www.163.com/dy/article/FA8HVV6L05148PDC.html.

［12］齐朋利 . 快手电商在"人货场"端的优化升级路径［J］. 传媒，2020（9）：27-29.

［13］林昆 . 直播带货电商模式的供应链构建探索［J］. 营销界，2020（4）：195-196.

［14］前瞻产业研究院 . 2021 年中国直播电商行业竞争格局及市场份额分析［EB/OL］. 2021-10-09. https://bg.qianzhan.com/trends/detail/506/211009-58c0d6f2.html.

第三篇
调研报告篇

第九章
中国跨境电子商务发展现状调研报告

随着互联网经济的发展，跨境电子商务作为一种新兴的贸易业态自 2014年以来快速发展。2020 年，新冠肺炎疫情全球流行给国际经济带来了巨大的冲击，国际贸易形势越发严峻。在此背景下，我国跨境电商贸易额不降反升，依然保持高速增长，这得益于其无接触、低成本、线上化的特征，也得益于我国强大的制度优势以及供应链的整合能力。跨境电商成为后疫情时代稳外贸的重要力量，也是拉动国内国外双循环的关键纽带。

一、跨境电子商务概述

（一）跨境电子商务定义及模式

跨境电子商务主要是指分属在不同关境的主体通过信息化手段和互联网平台达成交易的跨境进出口贸易活动。根据贸易流向可以分为出口跨境电商和进口跨境电商。

跨境电子商务根据不同的标准可以分为不同的类型且对应不同的运作模式。目前，主要的分类是根据其交易主体划分，可以分为企业向企业（B2B）跨境电商、企业向消费者（B2C）跨境电商和消费者向消费者（C2C）跨境电商。其中 B 是指Business——企业主体，C 是指 Consumer——消费者。根据我国《跨境电子商务经营主体和商品备案管理工作规范》，我国从事跨境电子商务的主体主要是指企业，不包括个人。因此，在出口跨境电商中只包含 B2B 和 B2C 两种模式，在进口跨境电商中包含B2B、B2C、C2C 三种模式。由于 B2C 和 C2C 模式的买方均是消费者，因此，B2C 和C2C 跨境电商也被称为跨境零售贸易。

我国跨境电商交易主要是以 B2B 模式为主，但是近年来随着跨境零售贸易的发展，B2C 模式的占比在逐年提高。目前，我国已经形成了跨境电商的生态系统，除了出口跨境电商和进口跨境电商平台外，还有物流、支付、技术等跨境电商服务商构成的跨境电商服务体系。

（二）中国跨境电子商务发展历程

中国跨境电子商务开始于 1999 年，出口跨境电商的发展要早于进口跨境电商，出口和进口跨境电商都分别经历了不同的阶段。

1. 出口跨境电子商务发展阶段

我国出口跨境电商如图 9-1 所示，经历了 1.0、2.0、3.0 三个阶段。

1.0 阶段是从 1999 年阿里巴巴集团成立开始到 2003 年，在这一阶段，出口跨境电商主要是通过线上的产品展示来促进线下交易的完成。在此过程中，网站主要是企业展示产品信息对外推广的手段，不涉及任何在线交易，也没有佣金的收取，网站通过收取展示信息企业的服务费来盈利。1.0 阶段更多地涉及 B2B 跨境电商，服务于中小企业的出口批发，实现了信息流的整合，主要代表性平台有环球资源网、阿里巴巴国际站。

2.0 阶段是 2004～2014 年，主要是在信息流整合的基础上实现了现金流、物流的整合。在此阶段，原本需要线下进行的交易、支付、物流、通关等环节实现了线上电子化。跨境电商平台不仅仅是信息展示，还实现了交易过程的线上化。同时，跨境电商模式也从 B2B 拓展到了直接面向消费者的 B2C 跨境电商，大量的跨境电商平台开始出现。

3.0 阶段是 2015 年至今。在此阶段，跨境电商经历了全产业链的转变。传统企业和制造企业加入跨境电商行业，平台承载力得到了进一步提升，同时企业类买家增加，大型服务商加入。此外，移动客户端的消费者增加，跨境电商平台出现专门的移动端平台。2020 年，新冠肺炎的暴发给跨境电商带来了新的机遇和变化，由于人们尽量减少接触，居家类消费品成为重要的消费品类；由于线下销售的受阻，更多的企业选择跨境电商来拓展海外业务。同时，跨境电商也呈现了多渠道的特征，越来越多的企业开始自建网站而不是依靠跨境电商平台。国外社交媒体、直播平台引入电商功能也吸引了国内跨境电商企业入驻。

图 9-1　我国出口跨境电子商务发展阶段

资料来源：笔者根据《跨境服装电子商务》P5-P7 内容制成。

2. 进口跨境电子商务发展阶段

我国进口跨境电子商务的发展晚于出口跨境电子商务，自2005年开始经历了1.0、2.0、3.0三个阶段，如图9-2所示。

1.0阶段是2005~2006年，主要是从我国海外留学生代购开始。初期由于对国外商品的需求，国内亲友拜托海外留学生代为购买国外商品，随着需求的不断扩大，代购成了一个职业，也成了购买海外产品的渠道。但是由于代购缺乏监管、逃避税收甚至假冒伪劣的现象存在，亟待相关政策进行规范。

2.0阶段主要是2007~2013年，2007年比较具有代表性的是淘宝全球购上线，为海外产品的销售提供了平台。随后，越来越多的代购平台出现，也就是之前提到的C2C跨境电商模式。一部分消费者通过国外网站购买再转寄回国内的"海淘"模式也是这一阶段的重要渠道。随着国内消费者对海外商品需求的扩增，专门的进口跨境电商平台相继成立，这些平台凭借自身优势克服了代购和海淘的种类少、价格高、无售后等弊端，受到了消费者的认可。

3.0阶段是指2014年至今。2014年以来，我国相继出台了一系列规范跨境电商进口的政策，规范了行业的发展。各大国内电商平台也相继推出进口跨境电商频道，同时涌现了一部分垂直型进口跨境电商平台。

图9-2　我国进口跨境电子商务发展阶段

资料来源：笔者根据《跨境服装电子商务》P5-P7内容制成。

（三）跨境电子商务政策环境

为了促进跨境电子商务的发展，国务院、商务部、海关总署等部门相继出台了一系列政策文件，指导跨境电子商务健康有序发展，为跨境电子商务发展创造了良好的政策环境。

表9-1整理了2013~2020年国家发布的关于跨境电子商务的政策，可以看出，一系列政策的出台规范了跨境电商的发展。国家的政策支持力度不断加强，从支持性政策到规范性政策全面优化跨境电子商务的发展环境，特别是在2020年新冠肺炎疫情应对中发挥了重要作用。

在国家政策的大力支持下，支付、物流、通关、结汇效率大幅度提升，提高了我国跨境电子商务的贸易便利化程度。

表 9-1 2013~2020 年关于跨境电子商务的重要政策汇总

时间	发文单位	名称
2013 年	商务部、国家发改委、财政部、中国人民银行、海关总署、国家税务总局、国家市场监督管理总局、国家外汇管理局	《关于实施支持跨境电子商务零售出口有关政策的意见》
2013 年	财政部、国家税务总局	《关于跨境电子商务零售出口税收政策的通知》
2015 年	国务院	《国务院关于大力发展电子商务加快培育经济新动力的意见》
2015 年	国务院办公厅	《国务院办公厅关于促进跨境电子商务健康快速发展的指导意见》
2015 年	国家外汇管理局	《支付机构跨境外汇支付业务试点指导意见》
2016 年	国务院	《国务院关于同意在天津等 12 个城市设立跨境电子商务综合试验区的批复》
2016 年	财政部、海关总署、国家税务总局	《关于跨境电子商务零售进口税收政策的通知》
2016 年	商务部、中央网信办、国家发改委	《电子商务"十三五"发展规划》
2017 年	国务院	《国务院关于进一步扩大和升级信息消费持续释放内需潜力的指导意见》
2017 年	国务院关税税则委员会	《国务院关税税则委员会关于调整部分消费品进口关税的通知》
2018 年	全国人民代表大会	《中华人民共和国电子商务法》
2018 年	国务院	《国务院关于同意在北京等 22 个城市设立跨境电子商务综合试验区的批复》《优化口岸营商环境促进跨境贸易便利化工作方案》
2018 年	商务部等部门	《关于扩大进口促进对外贸易平衡发展的意见》
2018 年	商务部、国家发改委、财政部、海关总署、国家税务总局、国家市场监督管理总局	《关于完善跨境电子商务零售进口监管有关工作的通知》
2018 年	海关总署	《关于实时获取跨境电子商务平台企业支付相关原始数据接入有关事宜的公告》
2018 年	财政部、国家税务总局、商务部、海关总署	《关于跨境电子商务综合试验区零售出口货物税收政策的通知》

时间	发文单位	名称
2018 年	财政部、国家税务总局、海关总署	《关于完善跨境电子商务零售进口税收政策的通知》
2019 年	中共中央办公厅、国务院办公厅	《关于强化知识产权保护的意见》
2019 年	国家邮政局、商务部、海关总署	《关于促进跨境电子商务寄递服务高质量发展的若干意见（暂行）》
2019 年	国家市场监督管理总局、公安部、农业农村部、海关总署、国家版权局、国家知识产权局	《加强网购和进出口领域知识产权执法实施办法》
2019 年	国家外汇管理局	《支付机构外汇业务管理办法》《国家外汇管理局关于进一步促进跨境贸易投资便利化的通知》
2019 年	国家税务总局	《关于跨境电子商务综合试验区零售出口企业所得税核定征收有关问题的公告》
2020 年	国务院	《国务院关于同意在雄安新区等 46 个城市和地区设立跨境电子商务综合试验区的批复》
2020 年	商务部	《商务部关于应对新冠肺炎疫情做好稳外贸稳外资促消费工作的通知》
2020 年	海关总署	《关于开展跨境电子商务企业对企业出口监管试点的公告》《关于跨境电子商务零售进口商品退货有关监管事宜的公告》
2020 年	国家外汇管理局	《国家外汇管理局关于支持贸易新业态发展的通知》

注 资料来源：笔者根据《中国电子商务报告》2013～2020 年整理制成。

二、中国跨境电商发展现状

（一）进出口规模不断扩大，出口保持高速增长

我国跨境电子商务发展迅速，根据《中国电子商务报告》2015～2020 年数据披露可以看出（表 9-2），我国跨境电商进口总额从 2015 年的 360.2 亿元增长至 2020 年的 16900 亿元（2020 年增设监管代码 9710、9810 数据出现大幅增加）。从增长率来看，2016 年以来我国跨境电商进出口总额平均增长率维持在 47.78%，其中 2017 年更是达到了 80.6%，之后虽然有所下降，但是依旧保持在 30% 以上的高速增长。出口方面，出

口总额不断扩大，出口增速一直保持 40% 以上的增长率。进口方面，进口总额不断扩大，但是增速呈现爆发式增长后回落放缓，在 2017 年进口增速达到 120%，2018 年开始逐步回落，目前保持在 16% 左右。

表 9-2　我国跨境电商进出口总额（2015~2020 年）

年份	进出口总额（亿元）	增长率（%）	出口总额（亿元）	出口增速（%）	进口总额（亿元）	进口增速（%）
2015 年	360.2	—	—	—	—	—
2016 年	499.6	38.7	—	—	—	—
2017 年	902.4	80.6	336.5	41.3	565.9	120
2018 年	1347	50	561.2	67	785.8	39.9
2019 年	1862.1	38.3	944	68.2	918.1	16.8
2020 年	16900	31.1	11200	40.1	5700	16.5

注　2020 年由于增设了监管代码 9710、9810 数据出现大幅增加。
　　资料来源：笔者根据《中国电子商务报告》2015~2020 年数据整理制成。

（二）跨境电商品类不断丰富，纺织服装成为主要进出口品类

我国跨境电子商务的商品种类不断丰富，这其中不仅是指出口商品，进口商品也在不断丰富。2014 年左右，我国比较畅销的跨境出口商品有手机、服装、假发、手机配饰、运动鞋等，到了 2020 年，跨境电商零售出口商品的种类不断增加，但是呈现了集中的趋势。从表 9-3 可知，2020 年，跨境电商零售出口排名前十的商品品类占比达到 97%，其中除去特殊交易品及未分类产品占比 51% 外，纺织原料及纺织制品占比达到 18%，名副其实的跨境出口第一大品类。从增速来看，2020 年纺织原料及纺织制品的同比增速达到 106%，远远高于其他品类及总的出口增速，是推动跨境电商零售出口的重要动力。

表 9-3　2020 年跨境电商零售出口额排名前十的品类占比及增速

商品品类	占比（%）	同比增速（%）
特殊交易品及未分类商品	51	161.3
纺织原料及纺织制品	18	106.0
机电、音像设备及其零件、附件	9	10.6

商品品类	占比（%）	同比增速（%）
杂项制品	5	29.4
塑料及其制品，橡胶及其制品	4	20.1
革、毛皮及制品，箱包，肠线制品	2	31.4
贱金属及其制品	2	−39.2
光学、医疗等仪器，钟表，乐器	2	40.9
鞋帽伞等，羽毛品，人造花，人发品	2	30.0
珠宝、贵金属及制品，仿首饰，硬币	2	34.2

注 资料来源：《中国电子商务报告》2020年 P47。

　　从进口来看，2014年开始放宽进口限制以来，我国居民通过跨境电商购买国外商品的品类也不断丰富，从奶粉、纸尿裤、化妆品到奢侈品、家电等。从表9-4来看，排名前十的进口商品总占比达到99%，"化学工业及其相关工业的产品"占比44%，位列第一。跨境电商零售进口增速相较于出口来说较慢，但是其中"活动物，动物产品"和"光学、医疗等仪器，钟表，乐器"增速突出。

表9-4　2020年跨境电商零售进口额排名前十的品类占比及增速

商品品类	占比（%）	同比增速（%）
化学工业及其相关工业产品	44	24.6
食品，饮料、酒及醋，烟草及制品	35	21.6
机电、音像设备及其零件、附件	4	23.0
杂项制品	4	−21.9
纺织原料及纺织制品	2	8.9
光学、医疗等仪器，钟表，乐器	2	28.4
活动物，动物产品	2	37.4
鞋帽伞等，羽毛品，人造花，人发品	2	−18.6

商品品类	占比（％）	同比增速（％）
革、毛皮及制品，箱包，肠线制品	2	−11.9
动、植物油、脂、蜡，精制食用油脂	2	20.6

注 资料来源：《中国电子商务报告》2020 年 P47。

（三）跨境电商贸易伙伴多元化，丝路电商发挥重要作用

2015 年，我国跨境电商贸易伙伴就达到了全球 220 个国家和地区，贸易伙伴多元化特征明显。我国跨境电商传统的目标市场主要是美国、英国、澳大利亚、德国、法国等成熟市场，这些国家由于跨境网购的观念普及、物流等配套设施完善，一直是我国跨境电商出口的主要目的国。同时，如俄罗斯、巴西及东南亚国家等新兴市场的崛起也给我国跨境电商出口带来了新的动力。

"一带一路"倡议的提出给跨境电商带来了跨越式的发展，拓展了我国跨境电商的贸易伙伴范围。在"一带一路"建设的背景下，我国与"一带一路"沿线国家及地区搭建双边电子商务合作机制体系，为跨境电商走出去营造了良好的环境。2016 年，中国贸促会与东盟七国的国家工商会签署了《中国—东盟跨境电商平台运营与管理机制备忘录》。随着"一带一路"建设的推进，沿线国家也成了我国跨境电商出口的主要目的地，2017 年，跨境电商纳入"一带一路"议题，丝路电商成为非常重要的建设方向。同年，我国同沿线 7 个国家建立了双边电子商务合作机制，并签署了相应的谅解备忘录。2019 年，商务部与意大利等 5 个国家签署了双边电子商务合作谅解备忘录，截至 2019 年底，与中国签署双边电子商务合作谅解备忘录并建立合作机制的国家达到 22 个。2020 年，22 个"丝路电商"伙伴在电商协作、抗击疫情、推动跨境电商贸易中发挥了重要的作用。

从 2017 年和 2020 年我国跨境电商零售进口来源地前十和出口目的地前十的对比来看，进口来源地主要是以日本、韩国、美国、澳大利亚为代表的成熟市场，以发达国家为主且变化不大。出口目的地在 2017 年主要是以发达国家的成熟市场为代表，2020 年则新增了东南亚、中亚等地区的国家，可以看出丝路电商发挥的重要作用。

目前，我国加强与中东地区、东盟、南美等国家和地区开展电子商务领域的合作，推动跨境电商、海外仓、大数据物流建设等多个项目，未来"一带一路"依然是我国跨

境电商发展的重要方向。

（四）跨境电商发展区域格局东强西弱，中西部发展迅速

我国跨境电商在发展初期就表现出了发展的不均衡性，以广东、江浙沪地区的东南沿海以及北京等地远远领先于内陆的中西部地区。主要原因有如下几方面：一是沿海地区有良好的贸易基础；二是电子商务发达，早期的电商平台企业主要集中在这些地区，如杭州的阿里巴巴、北京的敦煌网、广东的兰亭集势等；三是沿海地区的国际物流明显领先于内陆中西部地区。因此，最开始的综合试验区建设也是从这些地区开始，2015 年，国务院批准杭州设立中国（杭州）跨境电子商务综合试验区。随着跨境电商综合试验区建设的推进、建设经验积累和复制，2016 年设立 12 个、2018 年设立 22 个、2019 年设立 24 个、2020 年设立 46 个综合试验区，地域范围从东南沿海拓展到中西部地区。

从 2019 年和 2020 年披露的数据来看，我国跨境电商零售进出口总额最强省份为广东省，且领先优势非常明显，其次为浙江省和河南省。从跨境电商综合试验区来看，排名前五的城市是广州、东莞、郑州、宁波、深圳。从省会城市来看，排名前五的是广州、郑州、杭州、长沙、南京。可以看出，规模上东部沿海的优势十分明显。

从增速来看，2019 年我国跨境电商零售进出口增速排名前五的省份是河北、云南、贵州、湖南和海南；2020 年排名前五的省份是青海、贵州、江西、甘肃和新疆。可以看出，中西部地区虽然规模上不具有优势，但是增速领先。

三、中国跨境电商综合试验区发展情况

（一）中国跨境电子商务综合试验区总体发展情况

2021 年 7 月 2 日，国务院办公厅印发了《关于加快发展外贸新业态新模式的意见》，围绕跨境电商、市场采购、外贸综合服务企业、保税维修、离岸贸易、海外仓提出了六种新业态。商务部部长助理任鸿斌、对外贸易司司长李兴乾提出，跨境电商是当前发展速度最快、潜力最大、带动作用最强的一种外贸新业态。

中国跨境电子商务综合试验区是中国设立的跨境电子商务综合性质的先行先试的城市区域，旨在跨境电子商务交易、支付、物流、通关、退税、结汇等环节的技术标准、业务流程、监管模式和信息化建设等方面先行先试，通过制度创新、管理创

新、服务创新和协同发展，破解跨境电子商务发展中的深层次矛盾和体制性难题，打造跨境电子商务完整的产业链和生态链，逐步形成一套适应和引领全球跨境电子商务发展的管理制度和规则，为推动中国跨境电子商务健康发展提供可复制、可推广的经验。

1. 跨境电商综合试验区发展历程

第一批：早在 2013 年，跨境电商作为新兴的行业就已经开始在中国渐渐发展，2013 年，我国进出口快件、邮件总量就已近 4.98 亿件，同比增长 42.7%。2014 年初，海关总署牵头在上海、重庆、杭州、宁波、郑州、广州等城市开展跨境贸易电子商务服务试点工作，这一年，我国跨境电子商务试点进出口额已突破 30 亿元。2015 年 3 月 7 日，国务院同意设立中国（杭州）跨境电子商务综合试验区。

第二批：2016 年 1 月 6 日，国务院决定在天津、上海、重庆、合肥、郑州、广州、成都、大连、宁波、青岛、深圳、苏州 12 个城市设第二批跨境电子商务综合试验区。

第三批：2018 年 7 月 24 日，国务院同意在北京、呼和浩特、沈阳、长春、哈尔滨、南京、南昌、武汉、长沙、南宁、海口、贵阳、昆明、西安、兰州、厦门、唐山、无锡、威海、珠海、东莞、义乌 22 个城市设立跨境电子商务综合试验区。

第四批：2019 年 12 月 15 日，国务院同意在石家庄、太原、赤峰、抚顺、珲春、绥芬河、徐州、南通、温州、绍兴、芜湖、福州、泉州、赣州、济南、烟台、洛阳、黄石、岳阳、汕头、佛山、泸州、海东、银川 24 个城市设立跨境电子商务综合试验区。

第五批：2020 年 4 月 27 日，国务院同意在雄安新区、大同、满洲里、营口、盘锦、吉林、黑河、常州、连云港、淮安、盐城、宿迁、湖州、嘉兴、衢州、台州、丽水、安庆、漳州、莆田、龙岩、九江、东营、潍坊、临沂、南阳、宜昌、湘潭、郴州、梅州、惠州、中山、江门、湛江、茂名、肇庆、崇左、三亚、德阳、绵阳、遵义、德宏傣族景颇族自治州、延安、天水、西宁、乌鲁木齐 46 个城市和地区设立跨境电子商务综合试验区。

如表 9-5 所示，国务院同意设立中国跨境电子商务综合试验区五批次，共 105 个，分布在 30 个省市，基本覆盖全国，形成了陆海内外联动、东西双向互济的发展格局。各省市辖区内跨境电商综合试验区个数排名前四名依次为第一名：广东，13 个跨境电商综合试验区；第二名：江苏与浙江，分别为 10 个跨境电商综合试验区；第四名：山东，7 个跨境电商综合试验区。全国省和直辖市，除西藏外，都有跨境电商综合试验区，东部沿海地区较多，都在 5 个以上；中部地区每省有 4 个或 3 个；西部地区较少，基本每省有 2 个或 1 个；四个直辖市分别都是 1 个。

表 9-5　中国跨境电子商务综合试验区各省份分布表

序号	省份（直辖市）	跨境电商综合试验区数量（个）	跨境电商综合试验区城市（地区）
1	广东	13	广州、深圳、珠海、东莞、汕头、佛山、梅州、惠州、中山、江门、湛江、茂名、肇庆
2	江苏	10	苏州、南京、无锡、徐州、南通、常州、连云港、淮安、盐城、宿迁
3	浙江	10	杭州、宁波、义乌、温州、绍兴、湖州、嘉兴、衢州、台州、丽水
4	山东	7	青岛、威海、济南、烟台、东营、潍坊、临沂
5	福建	6	厦门、福州、泉州、漳州、莆田、龙岩
6	辽宁	5	大连、沈阳、抚顺、营口、盘锦
7	湖南	4	长沙、岳阳、湘潭、郴州
8	四川	4	成都、泸州、德阳、绵阳
9	安徽	3	合肥、芜湖、安庆
10	河北	3	唐山、石家庄、雄安新区
11	河南	3	郑州、洛阳、南阳
12	黑龙江	3	哈尔滨、绥芬河、黑河
13	湖北	3	武汉、黄石、宜昌
14	吉林	3	长春、珲春、吉林
15	江西	3	南昌、赣州、九江
16	内蒙古	3	呼和浩特、赤峰、满洲里
17	甘肃	2	兰州、天水
18	广西	2	南宁、崇左
19	贵州	2	贵阳、遵义
20	海南	2	海口、三亚
21	青海	2	海东、西宁
22	山西	2	太原、大同
23	陕西	2	西安、延安

序号	省份 （直辖市）	跨境电商综合试验区数量（个）	跨境电商综合试验区城市（地区）
24	云南	2	昆明、德宏
25	宁夏	1	银川
26	新疆	1	乌鲁木齐
27	北京	1	北京
28	上海	1	上海
29	天津	1	天津
30	重庆	1	重庆

注 资料来源：根据国务院设立跨境电商综合试验区五次发文资料整理所得。

2. 跨境电商综合试验区创新举措

设立跨境电子商务综合试验区，旨在通过对先行先试区域进行制度创新、管理创新、服务创新和协同创新，进而破解跨境电子商务发展中的深层次矛盾和体制性难题，为推动中国跨境电子商务健康发展提供可复制、可推广的经验。自2015年杭州综合试验区成立以来，截至2021年底，我国共设立了105个综合试验区。综合试验区的创新举措主要涉及综合服务平台、金融支持模式、通关便利化、检验检疫监管模式、统计监测和人才培育等六个方面。

（1）建设线上综合服务平台，打造信息枢纽

完善线上综合服务、创新服务平台。杭州综合试验区搭建大数据平台和大数据实验室，实现跨区域、跨行业、跨部门信息的交换和共享，为监管部门和市场服务主体提供信用评分评级、风险监管及预警、融资担保、海运拼箱等数据分析应用服务。同时，杭州综合试验区开发线上跨境电商创新项目服务平台（e-Box），提供展示、查询、预约、评价、需求发布等系列功能，提升创新项目服务的精准度和实效性。此外，苏州综合试验区的线上综合服务平台与东盟"单一窗口"GeTS平台成功联调，出口B2B业务数据可直达东盟10国和印度等国。

（2）创新金融支持模式，提升金融服务水平

中小跨境电商企业参与贸易融资的实际准入标准较高，融资难成为跨境电商企业发展的痛点之一。各综合试验区在金融服务方面进行了创新探索。如杭州综合试验区和阿里巴巴联合共建信用保障资金池，300家杭州跨境电商B2B企业得到19亿美元信保额

度，政府为企业网上交易作信用背书。青岛综合试验区印发《关于支持青岛金融机构开展出口企业融资模式创新试点的通知》，青岛银行、中国出口信用保险公司山东分公司联合制定《"银贸通"出口订单融资模式实施办法》，利用跨境电商互联网大数据，破解传统贸易融资中信用风险问题，企业无须提供抵押担保，仅需提供有效订单、信用证等即可获得总授信额度最高可达 300 万元。

（3）简化通关手续，提升通关便利化水平

各综合试验区在提高通关验放效率方面进行了制度创新。上海综合试验区尝试对跨境电子商务零售出口商品实行简化归类，推进清单申报通关模式。进口按照"事前备案、集中申报、分批出区、汇总征税"实施监管。目前，上海试点的跨境电商进口业务已实现当日件当日出区。深圳综合试验区制定暂存入区、先出后报、集中申报等符合特殊区域出口的跨境电商监管模式，解决退货返销难的问题；同时，积极探索"全球中心仓""供应链协同出口"等制度创新与可操作性。重庆综合试验区实施跨境进口免于强制性认证特殊监管措施，准入时限从 2~3 个月，缩短到 2~5 个工作日。

（4）创新检验检疫监管模式

品质安全是跨境电子商务发展的重要支撑，各综合试验区在品质监测和溯源方面进行了制度创新。如杭州检验检疫局依托跨境电子商务商品质量安全风险国家监测中心，联合电商平台创新跨境电商产品质量共治机制。上海综合试验区根据进出口货物产地的质量管理水平、生产经营企业的诚信程度、具体商品的风险等级等要素，构建梯度检验检疫监管体系，在全国首次实现国家认监委"云桥"认证认可信息共享平台与地方跨境电商公共服务平台成功对接。宁波综合试验区创建全国首个"跨境电子商务产业知名品牌创建示范区"和首个跨境电商商品质量检验"无费区"。

（5）建立统计监测体系

跨境电子商务的快速发展对统计监测提出了新的要求，各综合试验区在统计方法、数据整合及应用方面进行了创新。如杭州综合试验区出台 B2B 出口统计办法，确立订单、物流单、支付单三单认证标志，形成以样本抽取、企业调查为主的统计方法。深圳综合试验区建立电子商务统计监测体系，结合跨境电商特点研究完善统计指标，经市统计部门审核发布统计制度；开展电子商务年度和月度统计调查和运行分类、分析、梳理，构建企业分级评价和服务的模式，结合监管部门和信用认证及第三方信用服务评价，构建信用评价指标体系。

（6）加强人才培育力度，完善跨境电商生态圈

积极扶持"政府、高校、协会、企业"合作。杭州综合试验区成立跨境电商人才联盟、中非跨境电商学院。宁波综合试验区成立全国首家跨境电子商务学院、首个跨境电

商产教联盟，开展跨境电商交流合作，成立跨境电商实训基地，设立移动咨询服务站，举办全球开店卖家峰会等活动。郑州综合试验区建立跨境电商实用性培训孵化基地，为创业人员提供场地、技术等支持和孵化服务。广州综合试验区加强人才培养，指导广东省跨境电子商务协会编写了三套跨境电子商务培训教材，发动高校、协会、企业开展人才培训，建立创业创新支持平台以及创业孵化机制。青岛综合试验区在国内率先完成跨境电商人才标准体系的研发和本科层次课程改革工作。

（二）杭州跨境电子商务综合试验区

1. 杭州跨境电子商务综合试验区的设立

2015 年 3 月 7 日，国务院国函〔2015〕44 号批复，同意设立中国（杭州）跨境电子商务综合试验区，具体实施方案由浙江省人民政府负责印发。《批复》明确提出，要以深化改革、扩大开放为动力，着力在跨境电子商务交易、支付、物流、通关、退税、结汇等各环节的技术标准、业务流程、监管模式和信息化建设等方面先行先试，通过制度创新、管理创新、服务创新和协同发展，破解跨境电子商务发展中的深层次矛盾和体制性难题，打造跨境电子商务完整的产业链和生态链，逐步形成一套适应和引领全球跨境电子商务发展的管理制度和规则，为推动我国跨境电子商务的发展提供可复制、可推广的经验。

2. 杭州跨境电子商务综合试验区经验成果

（1）顶层设计架构全国复制

如图 9-3 所示，杭州建成以六大体系两大平台为核心的适合跨境电子商务发展的政策体系和管理制度，并在全国 104 个新设的跨境电商综合试验区中复制。

（2）数字化监管模式全国最全

推出三批 113 条制度创新清单，实施全国首个地方性跨境电商促进条例，打造进口通关一体化服务平台、商品质量安全风险监测系统和跨境零售进口公共质保平台。设立全国首个互联网法院跨境贸易法庭。率先开展跨境电子商务小包出口、直邮进口、网购保税进口、跨境 B2B 出口、特殊监管区出口。率先实现跨境电商 B2B 出口四种模式全覆盖，建立起覆盖跨境电商 B2B 和 B2C 的监管业务模式。

（3）数字化平台服务体系最完善

率先搭建全国首个跨境电商领域线上综合服务平台，累计 10812 家企业在平台完成备案。

（4）政企联动产业数字化转型活力最优

每年推出促进互联网外贸发展专项行动，联合平台举办阿里巴巴国际站"双品出海"、速卖通"鲸锐商家"、亚马逊全球开店直采大会等品牌出海活动，引导 15 个跨境

图 9-3　杭州综合试验区线上综合服务平台

资料来源：中国（杭州）跨境电子商务综合试验区网站 http://www.china-hzgec.gov.cn/areaintroduction/summary.shtml。

电商产业头部企业上线，推动 13 个线下园区数字化转型。

（5）跨境电商国际合作机制最健全

率先建设 eWTP（电子世界贸易平台）实验区，落地 eWTP 秘书处，上线全球首个 eWTP 公共服务平台，开展 eWTP 数字清关监管试点。整合 38 个国家（地区）的 95 个海外合作园区、合作中心、合作站点、海外仓资源，搭建跨境电商海外服务网络。

（6）率先打造跨境电商全球中心仓模式

依托杭州综合保税区，探索非保税货物与保税货物同仓存储、出口贸易与进口贸易同仓调拨、小额贸易与大宗贸易同仓交割、外贸与内贸同仓一体。

（7）率先推出跨境电商进出口退换货模式

成功走通保税出口包裹退换货业务、特殊区域跨境电商出口海外仓零售业务和 9610 模式（集货模式）下包机出口包裹退货业务。在全国率先推出的跨境电商零售进口包裹退货新模式。

（8）先行先试跨境电商出口零售税收政策

2015 年，杭州综合试验区提出"无票免税"政策，并得到国家有关部委的认可得以先行先试。2020 年 1 月 1 日，杭州综合试验区走通跨境电商零售出口企业所得税核定征收全国首单。

（9）搭建全球领先跨境支付结算体系

支付宝、连连支付、网易支付、执御支付、珊瑚支付、亚联支付等全球知名跨境支付集聚，连连、PingPong 成为全国最大的第三方跨境支付平台。

（10）率先建立多层次跨境电商人才培育模式

编制跨境电商人才标准和紧缺人才目录，获批全国首批跨境电商本科专业，推出全国首套跨境电商教材，组建全国首个跨境电商人才联盟，创新中国（杭州）跨境电商学院培育模式，开展覆盖领军人才、精英人才和实操人才的多层次培训。

四、中国跨境电子商务发展趋势

（一）后疫情时代跨境电商迎来新挑战新发展

2020 年，全球新冠肺炎疫情的暴发使全球经济放缓，需求下降。而且，从目前来看，疫情并没有结束的预期，从长期来看，与新冠肺炎疫情共生可能是一种常态。疫情的冲击暴露了跨境电商供应链抗击风险的短板，企业面临订单不足、退货率上升、货源紧张、物流成本上升等问题。但是，疫情同样催生了跨境电商的新需求，由于居家办公、居家隔离以及避免接触防治疫情的需要，越来越多的消费者选择网购，拉动了跨境电商销售的增长。因此，后疫情时代跨境电商企业应抓住商机，同时提高自身的抗击风险的能力。

（二）平台红利减弱，跨境电商出海通道多元化发展

自 2019 年开始，全球电商市场重心转移，传统主流平台的流量红利逐渐减弱，跨境电商流量碎片化趋势显现。越来越多的企业通过建立独立站来脱离平台的规则限制。根据亿邦动力数据，2020 年，25% 受访的跨境电商卖家已经开始设立独立站，另有 25% 的跨境电商卖家表示正在筹建独立站。同时，直播电商、短视频平台带货的兴起也给跨境电商出海提供了新的渠道。疫情期间，一些跨境电商平台和传统展会企业创新了线上线下融合的"云展台"平台来助力外贸企业获得订单。未来，随着新技术的加速普及以及创新模式的发展，跨境电商出海的通道将是越来越多元的。

（三）政策支持下综试区向中西部倾斜，B2B 迎来发展新机遇

截至 2021 年底，我国跨境电商综合试验区达到 105 个，自第三批开始已经明显向

中西部地区和东北地区倾斜。中西部综试区的设立将吸引东部沿海资源、人才向中西部城市流动，综试区之间的竞争也会促使企业调整战略布局，未来我国跨境电商整体区域布局可能会重新调整。同时，自第三批综试区设立以来，国务院明确要求综试区着力发展跨境 B2B 相关环节的技术标准、业务流程、监管模式和信息化建设等方面的探索创新。同时，海关也针对 B2B 模式增列了专门监管方式并配套通关便利化措施。在政策支持的大力推动下，未来跨境电商 B2B 将迎来新的发展机遇。

（索珊　丁锋）

本章参考文献

［1］商务部电子商务和信息化司. 中国电子商务报告［M］. 北京：中国商务出版社，2013-2020.

［2］国务院. 国务院关于同意设立中国（杭州）跨境电子商务综合试验区的批复［R/OL］. http://www.gov.cn/zhengce/content/2015-03/12/content_9522.htm.

［3］国务院办公厅. 国务院办公厅关于加快发展外贸新业态新模式的意见［R/OL］.http://www.gov.cn/gongbao/content/2021/content_5627685.htm.

［4］杨楠楠. 跨境服装电子商务［M］. 北京：中国纺织出版社，2020.